百年巨匠

报国有心尤慷慨

大师
程砚秋

Century
Masters
Cheng Yanqiu

蔺虹霞 ◎ 著

敦煌文艺出版社

图书在版编目（CIP）数据

报国有心尤慷慨：大师程砚秋 / 蔺虹霞著. — 兰州：敦煌文艺出版社，2019.11
ISBN 978-7-5468-1847-4

Ⅰ. ①报… Ⅱ. ①蔺… Ⅲ. ①程砚秋（1904-1958）—传记 Ⅳ. ①K825.78

中国版本图书馆 CIP 数据核字（2019）第 264836 号

百年巨匠 国际版系列丛书

报国有心尤慷慨

大师程砚秋

蔺虹霞 著

总 策 划：马永强 杨继军
项目负责：余 岚 赵 静
统筹策划：徐 淳
责任编辑：田 园
艺术监制：马吉庆
装帧设计：李晓玲 禾泽木

敦煌文艺出版社出版、发行
地址：（730030）兰州市城关区读者大道 568 号
邮箱：dunhuangwenyi1958@163.com
博客（新浪）：http://blog.sina.com.cn/lujiangsenlin
微博（新浪）：http://weibo.com/1614982974
0931-8773149（编辑部） 0931-8773112（发行部）

兰州华峰印刷有限公司印刷
开本 720 毫米×1020 毫米 1/16 印张 10.25 插页 1 字数 151 千
2020 年 1 月第 1 版 2020 年 1 月第 1 次印刷
印数：1~3000

ISBN 978-7-5468-1847-4
定价：48.00 元

如发现印装质量问题，影响阅读，请与出版社联系调换。
本书所有内容经作者同意授权，并许可使用。
未经同意，不得以任何形式复制转载。

目录 Contents

第一章　童年学艺

2　第一节　坎坷身世
6　第二节　正式拜师
10　第三节　学艺之路
14　第四节　改习旦角
18　第五节　初次登台
21　第五节　遭遇倒仓

第二章　幸遇恩师

26　第一节　恩师赎身
30　第二节　踏上正途
34　第三节　通天教主
38　第四节　另辟蹊径

42　第五节　拜师梅郎

第三章　海上秋声

48　第一节　名声渐起
52　第二节　初次赴沪
57　第三节　美满姻缘
61　第四节　结婚大典
65　第五节　再赴上海

第四章　程派大成

72　第一节　痛失恩师
76　第二节　独树一帜
80　第三节　十年"鸣和"

1

85	第四节	任重道远
90	第五节	四大名旦

第五章　登堂入室

96	第一节	改名明志
100	第二节	游学西欧
104	第三节	归国之后
108	第四节	改良先锋
112	第五节	创办戏校
116	第六节	培育新人

第六章　高风亮节

120	第一节	义拒利诱
123	第二节	质本高洁
127	第三节	古道热肠
130	第四节	《锁麟囊》出世
134	第五节	勇斗敌伪
137	第六节	归隐务农

第七章　壮心不已

142	第一节	迎来解放
145	第二节	春风化雨
149	第三节	抗美援朝
154	第四节	光荣入党
157	第五节	巨星陨落

第一章

童年学艺

TONGNIAN XUEYI

程砚秋幼年家贫失学,为了生计,六岁的他卖身荣蝶仙门下学戏。童年时的基本功训练异常艰苦,他却以惊人的毅力接受了这些训练,熬过了他"最惨痛"的童年。十一岁时程砚秋初次登台,便以文武各功稳练超群崭露头角,得到内外行的一致赞扬。

第一节

坎坷身世

程砚秋，1904年1月1日，农历光绪二十九年十一月十四日，生于北京一个破落的旗人家庭。程砚秋本不姓程，他原名承麟，满洲正黄旗人，与荣禄同族。

程砚秋的先祖，祖籍吉林长白山区，据《民国人物小传》云"本姓索绰络氏"。清太宗崇德元年（1636），程氏先祖跟随太宗皇太极攻打朝鲜，顺治元年（1644）随多尔衮入关，隶属正黄旗籍。程氏家族一直显赫，出了许多高官。程砚秋四世祖德保，乾隆进士，做过吏部左侍郎，广东、福建巡抚，礼部尚书和尚书房总师父等官职，颇受乾隆皇帝的赏识。乾隆末年，权臣和珅因见德保的儿子英和聪明俊秀，就想与德保结亲，将女儿嫁与英和。但德保看不上和珅的飞扬跋扈，婉拒了,因此受到了和珅的报复。

程砚秋的五世祖英和,乾隆五十八年癸丑科进士,历任翰林院编修、内阁学士、礼部侍郎、内务府大臣、翰林院掌院学士、步军统领、工部尚书。道光皇帝即位,又任军机大臣兼户部尚书。道光二年(1822)以户部尚书协办大学士,兼翰林院掌院学士。从乾隆到道光,英和一直都很受器重。英和的儿子奎照嘉庆十九年(1814)甲戌科进士,历任礼部尚书,军机大臣、左都御史。这段时间,是这个家族历史上最为辉煌的阶段。

程砚秋

到了程砚秋的父亲这一辈,满清衰落,皇权不稳,家族日渐衰败。据《燕都名伶传》记载:程砚秋的父亲荣寿(1854—1905)为独生子,前妻无子嗣,续室托氏生有子女十一人,仅存四子:长子存厚,字子明;次子承和,字佐臣;三子承海;四子承麟,即程砚秋。

荣寿只世袭了"旗营将军"的称号,他将朝廷赏赐的公差让给了二弟,自己落得个清闲,整日在家提笼架鸟,游手好闲。程砚秋出生一年后,荣寿得了一场急病,腹痛难忍,很快便去世了。家里唯一的支柱坍塌了,家境一夜之间一落千丈。没多久,靠变卖家产为生的母亲,再也无力承担大宅门里的开销,只好带着孩子们,搬出了后海南岸小翔凤胡同的祖宅,迁到一进小院落勉强度日。到程砚秋四岁的时候,他的家已经迁到了前门外天桥的"穷汉市",在苏家坡弯尺胡同一个大杂院中与普通老百姓混居了。

程砚秋六岁时,他的母亲托氏,做了一个足以改变他一生命运的决定。大杂院里,住的都是穷苦百姓,有拉洋车的,有走街串巷做小买卖的,还有在天桥"撂地"吃"开口饭的"。其中,有一个在戏院唱花脸的邻居,同情托氏每日辛劳

程砚秋《鸳鸯冢》剧照

拉扯孩子,便对托氏说,你们孤儿寡母苦熬岁月,现在读书花钱太多,你家儿子程砚秋模样俊,不如让他去学戏,说不定将来能成一个"角儿",再不济,也能靠唱戏混口饭吃。托氏听了,当即反对,虽说自己家吃饭都成问题,但送孩子去学戏,实在是奇耻大辱,万万不能。

新中国以前,受传统思想的影响,人们普遍认为学唱戏、当演员,是一种上不得台面的职业,所谓的"下九流",与乞丐地位一样。母亲的反对很容易理解,毕竟祖上是在朝廷做官的人家,再不济也还是个旗人,怎么能让家族的子弟去做"戏子"?但只有六岁的程砚秋听到后,却向母亲哀求,请母亲允许他去学戏。他的想法很简单,自己出去学戏,可以养活自己,还可以减轻母亲的负担。时人张次溪写的《燕都名伶传》中,对此事有记述:"御霜(程砚秋)奇慧有至性,尝以母氏苦为忧,背人流涕。时北京重歌声,鬻曲所入,骤可致富。乃请于母,欲学之。母不许,且曰:'尔为名臣裔,奈何欲沦身为优?'御霜聆母训,张目视母,母泪已纵横沾襟,御霜亦泣。继而曰:'儿请学歌,冀减亲累,即以体亲心也。母年老,儿安忍坐食,儿闻学歌甚易,获效好,为之二三年,可有成,不忧贫矣。'母乃首肯。"

在程砚秋的印象中,学戏、唱戏没什么不好,他甚至还有些期待。父亲荣寿刚去世时,家里生活还过得去,母亲抱着懵懵懂懂的他,曾经去过戏园子看戏。由于当时年龄太小,看的什么戏已经记不住,但他喜欢那个高高的戏台,也喜欢看戏台上那些画着脸谱、穿着彩衣的演员。锣鼓点一响起，花花绿绿的演员从"出相、入将"的戏台两边依次登台时，他就会瞪圆了双眼，被舞台上的一切深深吸引。他在心里想，也许好好学戏，将来做个演员，终有一天，自己也能登上戏台表演。

程砚秋出生的那个时代，是京剧大发展并进入成熟期的时代。乾隆五十五年（1790），为给清高宗八旬寿辰贺寿，安徽名伶高朗亭等率"三庆"徽戏班进京贺寿演出，演出后就留在了京城。此后许多徽班相继来京，其中三庆、四喜、春台、和春最负盛名，时称"四大徽班进北京"。此后，不断从秦腔、汉调、昆曲、京腔等剧种汲取营养，经数十年演变，形成京剧。慈禧太后嗜好京剧，京剧名家频繁在宫中献艺，京剧的声势日强。民间也深受影响，上至达官贵人，下至贩夫走卒，人人都喜欢进戏园子听京剧。当时大栅栏地区的广德楼、三庆园、庆乐园、中和园、文明园等戏园日日有京剧演出，处处人满为患。

六岁的程砚秋，刚刚进入私塾读第一年书，他亲眼看到母亲为了他的学费，为了他能吃顿饱饭，付出了怎样的艰辛。家道中落，昔日热络的亲戚也不再同他们走动，想借点钱，比登天还难。祖上留下的遗产，一件件卖完，再没有什么值钱的东西了。大哥、二哥在父亲活着的时候，还能去宫里当禁卫军拿点微薄的收入，如今父亲去世好几年，家里全靠母亲苦苦支撑。他小小年纪，就懂得母亲的苦衷，懂得为家庭分忧，以为自己学了戏，就能挣钱养活自己。只是他还不知道，学戏的道路，实在是一条充满了艰辛和苦痛的道路。

第二节

正式拜师

　　看到儿子如此懂事,母亲托氏很犹豫。答应吧,令旗人家族蒙羞,也舍不得让幼子骨肉分离受学戏的苦罪;不答应吧,家里眼看是揭不开锅,自己也是五十岁的人了,老之将至,孩子还未成年,难道眼睁睁看着他饿死?想来想去,托氏含着眼泪,忍着羞辱,同意了让儿子学戏的事情。她托邻居给找个好老师,希冀儿子能有个好运气,少吃点苦,多学点真本领,能早一点出师回家。

　　唱戏的邻居很快回了信:事情有了眉目,京城很有名气、长春班坐科出身的刀马旦荣蝶仙,愿意收程砚秋为徒学艺。此后,中间人又跑了一趟,终于将这件事敲定下来,双方定下日期,举行正式的拜师仪式。

眼看着孩子就要离开家,母亲托氏的心里,像打翻了五味瓶,百感交集。她自己也是大户人家出身,年轻的时候,过的虽不是锦衣玉食的生活,但也受人尊敬,衣食无忧。她不明白,日子怎么就这样过的一天不如一天了,最难过的是心疼孩子,好日子没过两天,到如今给人家当徒弟,骨肉分离。离家的头天晚上,母亲越想越伤心,又怕孩子看见,只能强忍着悲痛,默默给孩子收拾行李。几件换洗衣服,一双千层底的布鞋,一个小小的银镯子,打成个小包裹,这就是母亲给离家的孩子,全部能够带走的东西。

第二天一大早,母亲做了早饭,将程砚秋叫起来,母子二人在一起吃早饭。分离在即,这顿饭,母子俩谁也没吃出什么滋味。程砚秋见母亲总是偷偷抹眼泪,便安慰母亲道:"娘,您别伤心,儿子不怕吃苦,一定学好戏,不给您丢脸!等儿子能挣钱了,一定给您买好多好吃的。"

托氏放下碗筷,一把将程砚秋搂在怀里,啜泣着说道:"可怜了我的儿,为娘舍不得你啊。"

"娘,没事的,我会常回家看您,再说,家里还有三哥哩。"程砚秋在母亲怀里摇晃着身体撒娇,强挤出一丝笑容,逗母亲开心。

正在说话间,唱花脸的邻居在门外喊起来:"大嫂,准备好了吗?咱们该走了。"

母亲闻言,赶紧擦干泪水,回道:"他大叔,收拾好了,我们这就跟您走。"说完,母亲起身,一手提着程砚秋小小的包裹,一手拉着程砚秋的手,跟着邻居,从天桥步行,经过虎坊桥,奔向骡马市。

一路上,母亲千叮咛万嘱咐,告诫程砚秋一定要听师父的话,好好学艺,不要想家。在师父那里,凡事都要有眼力见儿,多做事,少说话,不要惹师父生气;要记住旗人做人的规矩,不占人家便宜,尤其是在钱财上,更不许白占便宜。程砚秋一一答应,小脑袋一直点着,他还不忘安慰母亲,让母亲不要担心,自己一定能吃苦,一定记住母亲的话。

荣蝶仙

很快，几个人到了魏染胡同荣蝶仙的家。介绍人给程砚秋找的这位老师，可谓是响当当的梨园人士。荣蝶仙原名荣春善，蝶仙是出科后取的艺名，他工花旦、刀马旦，从小在长春科班坐科学艺，功力扎实，也有丰富的舞台经验。

荣蝶仙见了程砚秋，从头到脚仔细打量了一番，简单问了程砚秋几句话，满意地对介绍人说："这孩子白白净净，长得不错，人也伶俐，我收下了。"

看到荣蝶仙这么痛快地答应了，邻居赶紧拉住程砚秋的袖子，将孩子扯到荣蝶仙的面前说："还不快给师父磕头！"程砚秋二话不说，双膝跪地，俯下身去，恭恭敬敬地向师父行跪拜大礼。

"请师父给孩子赐个名字吧！"母亲在介绍人的提醒下，请求师父。

"对，对，是得给孩子起个好名字，大家一起想想吧。"荣蝶仙点点头，缓缓地说。

经过反复商量，程砚秋的艺名终于定了下来。程砚秋改从汉姓，承改为程，名字叫菊侬。这名字带着梨园气息，听上去也很雅致。

磕头的大礼行完，艺名也取下了，拜师仪式的最后一项，也是最重要的一项，就是立下"关书"，以书面文件的形式，正式确立师生关系。旧时，民间戏曲艺人学艺，没有公立的职业学校，大多采用"师徒传承"的教育方式。这种传承的教育方式大体有四种形式：一曰"设堂授艺"，又称"私寓弟子"，招收的多为梨园世家子弟；二曰"家塾学艺"，多为有钱人家，花钱请师父上门授课；三曰"手把徒弟"，又称"私房徒弟"，这种学生多为穷苦人家的孩子，学艺最苦，条件最苛刻；四曰"拜师深造"，一般都是有一定造诣的艺人，为了艺术上精益求精和更广的社会认同采取的措施，也有名家看上了某位新人，为得传人而主动收徒的。程砚秋学艺，采用的就是"手把徒弟"的方式，入师门之前先要签订相当

8

于"卖身契"的文书,称为"关书"。

所谓"关书",是旧社会拜师学艺时由班主与徒弟家长之间签订的合同,性质上无异于卖身契。上面写明学艺期间,徒弟若有病、死、逃亡,师父概不负责。背师出逃,双方寻找;半途退学,赔偿师父八年损失。八年期满后,还要帮师一年。在这期间,徒弟的衣、食、住由师父负责,唱戏收入的包银戏份则归师父使用。

这些条件,对于学徒明显是不平等的,有浓厚的封建剥削性质,但这就是当时私人或科班收学徒的制度。程砚秋的母亲拿着这份文书,半天无语,在保人的催促下,才用微微颤抖的双手签了字,画了押。这只是一张纸,但却是一张沉甸甸的纸。签了字,就意味着自己的儿子成了人家的徒弟,以后想见一面,都不是件容易的事情。

仪式完成,文书一式三份,师父、保人、程砚秋母亲各执一份。母亲托氏看着才六岁的儿子,强忍住泪水,拉着程砚秋的小手又叮嘱了几句,狠下心告辞出门。看着母亲的背影,程砚秋的心里也满是悲伤,对这段刻骨铭心的经历,日后的程砚秋曾回忆说:"母亲就像送病人上医院动手术那样签了那张字据。送我去的那天,她再三地嘱咐我,说话要谨慎,不要占人家便宜,尤其是钱财上,更不许占便宜。这句话,我一生都牢牢地记着,遵循着她的教导去做。"

第三节

学艺之路

拜师后，程砚秋改名为程菊侬，他的身份，也从私塾读书的小学生，变为了在班社学习唱戏的小学徒。拜师的第二天，师父就让程砚秋换上练功服，跟着一众师兄弟，开始了艰苦的学艺生涯。

荣蝶仙当时只有二十多岁，但在业界已经小有名气，经常在各大戏院搭班演出。他是正经在长春班接受过正规学习的，对戏剧的理解和掌握颇有心得。长春班是京城数一数二的职业戏剧班，最早是由著名小生演员陆华云与胡素仙共同组建的。光绪三十年（1904），陆华云曾为内廷供奉，进宫为皇帝和慈禧太后演戏。慈禧看完后，非常喜欢陆华云的表演，她听说陆华云办科班的事，便下了一道懿旨，要求当时有名望的宫廷供奉都去长春班教学。

慈禧还专门强调，教戏的老师都不许向学生收钱，费用由内廷加俸解决，重在培养年轻孩子。有了"老佛爷"的这句话，当时的供奉谭鑫培、陈德霖、曹心泉等三十余人，均在长春班悉心教戏。这些老师都是本行的翘楚，其师资力量之强，为其他科班所不及。

虽然荣蝶仙年纪不大，但脾气不小，程砚秋拜在他的门下，一方面确实学到了真功夫，另一方面也吃了不少苦。一开始，程砚秋得从最基础的形体练起，一点点学习基本功：下腰、撕腿、抢背、小翻、虎跳、打把子，每一个动作都得重复千百遍，才能达到基本的标准。头一年，程砚秋就是在无休止的撕腿、翻跟斗中度过的，别说唱戏，就是简单的身法和手法，师父也没有给他讲过。

程砚秋 12 岁留影

练功说起来简单，但做起来是真难，真苦。练撕腿，是所有训练中最痛苦的。练习的时候，程砚秋把身子坐在地上，背靠着墙，面向外，把腿伸直撕开，膝盖绷直，两腿用花盆顶住，姿势摆好后，就开始耗起来。刚练习的时候，耗十分钟，将花盆向后移动，第二天就增加到十五分钟，以后递增到二十分钟、三十分钟。循序渐进拉伸开腿部的韧带。

第二难的动作是练下腰、压腰。练下腰、压腰的时候要把身子向后仰，什么时候练得手能扶着脚后跟，才算成功。有些天生柔韧性不好的学生，练习这个动作的时候尤其受罪，常常是一边哭一边下腰，但再怎么苦，师父是不会让停下的，哪个人动作有变形，小竹鞭马上打到身上来。

练好了撕腿、下腰两项功夫，师父又给程砚秋加了新的功课：练虎跳、小翻、抢背等难度更大的功夫。这些动作不仅练起来难，还很有危险，弄不好就会受伤。七岁的程砚秋，一天到晚摔过来，翻过去，累得腰酸腿疼。到了冬天，只穿着件单衣服，在冰冷的土地上一练就是两三个钟头，虽然身上冒着汗，可是一停下来，人还是冻得受不了，只好再接着翻。

戏剧表演，尤其是程式化要求极高的京剧，对演员的基本功要求也极严。若想在京剧专业取得成就，除有一定的天赋外，还得下苦功夫才行。至于成名成家的大师级人物，那就更不是用"吃苦"两字就能形容。在当时，学生不管在科班学艺还是个人拜师，学戏的过程都叫"打戏"。老师信奉"不打不成材"，常用藤条或棍棒抽打学生，督促其练功、学艺。学生为了少挨打，也不敢偷懒、懈怠。这种粗暴的体罚教学，是一种封建落后但却普遍的授课方式。但是，这种教学方式，客观效果上也逼迫学生们从小苦练基本功，为日后的舞台生涯奠定扎实的基础。

师父对学徒们说得最多的一句话就是："台上一分钟，台下三年功"，告诫学员要认认真真、老老实实打基础。程砚秋是学生里练得最勤奋的，他深知自己的状况，除了苦练，没有第二条路可走。老一辈的演员常常说："一天不练手脚慢，两天不练丢一半，三天不练门外汉，四天不练瞪眼看。"说明坚持不懈苦练基本功，打好基础，是何等的重要。而这对幼小的孩子来说，又是何等辛苦，甚至残酷。

这种惨痛的学艺经历，深深埋在程砚秋的记忆里。许多年后，他的女儿看到父亲的艺术受人尊重，也想学戏，走当演员这条道路。程砚秋不同意，女儿磨得紧了，他就让女儿先学个简单的"撕腿"，如果做得好，就可以继续学。女儿不知道厉害，高兴地答应了，结果当她背靠着墙，两腿伸直还没撕开时，巨大的疼痛就让她直接蹦了起来。看着疼得龇牙咧嘴的女儿，程砚秋哈哈大笑。他告诉女儿，这只是京剧学习中最最简单的动作，然后又给女儿讲起自己幼时学戏的血泪经历。女儿听完后，再也不想当京剧演员了。正是因为这个原因，程砚秋的几个儿女,日后都没有跟随他学艺,各自选择了其他职业。

除了练习基本功,作为学徒,程砚秋还必须要承担师父家里的杂活儿,诸如收拾屋子、打扫院子、打水、洗衣、买米买菜,乃至倒尿盆都得抢着干。有一次,程砚秋正抱着架子在院子里跑圆场,师母带着孩子在一旁玩耍。突然间,师父的小少爷不知为何哭闹起来,在地上撒泼打滚。师母叫了一声,想让程砚秋停下来,哄哄小少爷。当时程砚秋正练得入迷,没有听见。恼怒的师母直奔过来,二话不说,一巴掌打在程砚秋的小脸上,然后揪着程砚秋的耳朵,气急败坏大声训斥。最后,不肯罢休的师母非要让程砚秋抱着孩子跑圆场,她不说停就不能停。委屈的程砚秋只好让小少爷骑在自己脖子上,一边暗自流泪,一边咬着牙继续练功。诸如此类的委屈、痛苦,在师父家不知有多少,但程砚秋都咬牙忍受了下来。他的心中只有一个想法,要好好练功,不能让母亲失望,早一天能唱戏挣钱,家里就早一天能好过一些。

程砚秋《聂隐娘》剧照

第四节

改习旦角

　　最初的一两年，程砚秋的学习以基本功为主，并没有学到什么登台表演的戏码。旧社会学戏，规矩很严，学徒除了要对师父言听计从，勤学苦练，自身的意愿和行动也受限制。师父教什么就得学什么，师父不教，学徒也无话可说。在这种环境中，程砚秋养成了内向、坚韧、倔强的性格，不多言多语，更不轻易在困苦面前低头屈服。

　　在师父家，学徒的家人一般不能轻易地来探望，除非事先得到师父的允许。程砚秋的母亲一年中，只能在节日的时候来看孩子几次。有一回，母亲来看望程砚秋，看到他除了成天练功，什么戏也未学。母亲私下找到当年的介绍人，请他给程砚秋的师父说说，希望师父能教孩子一些真东西。

在家长和介绍人的催促下，也是程砚秋基本功学的扎实，荣蝶仙才开始让程砚秋学戏。最初，荣蝶仙让程砚秋跟着荣春亮学武生，加强身体素质。一年后，荣又请来丁永利教他。说起这位丁先生，是当时赫赫有名的杨派武生教师，是杨小楼先生的武行头儿，高盛麟、李少春、王金璐等都受教于他门下。丁永利手把手，教了程砚秋一出《挑滑车》。这出戏是著名的武生戏，有许多高难度的动作，对演员的身体素质要求极高。当时的程砚秋身体单薄，柔韧性也不是特别好，不是唱大武生的材料。荣蝶仙看程砚秋五官标致，扮相清秀，决定让他改学花旦，这个决定，对于日后的程砚秋来讲，是非常非常重要的。

程砚秋改学花旦，第一个师父是陈桐云先生。陈先生第一眼看到程砚秋，就非常喜欢这个学生，他让程砚秋简单扮上，学唱了两句，结果让他更加欣喜。陈先生认为程砚秋聪明，理解能力强，尤其是嗓子，可塑性极强。他认认真真教程砚秋，一边督促他练跷功，一边教他自己的拿手好戏《打樱桃》《打杠子》和《铁弓缘》。

陈先生选这三部戏，一是因为这些戏里花旦是主要角色，二是因为这三部戏比较热闹，观众喜欢看，市场接受度高。跟着先生学戏的同时，程砚秋也苦练花旦的跷功，为此付出了艰辛和汗水。

跷功，亦称踩跷，是那时旦角演员必须要掌握的一项功夫。所谓跷，是一种木制的类似脚形的木板，长约三寸，下端前尖后圆，上系白布跷带，踩跷时，演员双脚各缠在跷板上，三分之二的中后部脚掌托在木板上，三分之一的前脚掌踩在跷的下端。演员上台表演时，在跷板外面套上绣花跷鞋，用大彩裤遮盖住真脚，只将"小脚"露出。这是模仿封建时代妇女将足裹成三寸金莲，以此为美。现在的京剧舞台上，几乎已经见不到这种表演，也很少有人习练，只有个别"男旦"演员还在传承这门罕见的功夫。

学跷功，尤其是学到人与跷板合二为一，是极为不易的。那些熟练掌握这门技艺的大师，不知在学艺时洒下多少心血和汗水。程砚秋学旦角的时候，还

程砚秋《赚文娟》剧照

不到十岁，是个小孩子。他开始练跷功时，不要说绑上跷走和跑，就是站也站不住。每日早上，他就先扶着墙、拄着棍，找平衡，练站功，先使身体平衡，不致摔倒。等练了一段时期，逐渐找到窍门，就慢慢走几步试试。练踩跷，要求三直：腰直、脚直、腿直，最忌弯腿。人毕竟不是机器，练得时间长了，脚腿酸疼，甚至发抖，腿会不自觉弯下来。荣蝶仙拿出了"杀手锏"，他将竹筷子的两头削尖，绑在程砚秋的膝盖后面，如果练功的时候弯腿曲腿，筷子尖就会扎进肉里，疼痛难忍，甚至皮破血流。师父用这种残酷的方式，硬逼着程砚秋两腿绷直，老老实实地练，来不得半点马虎。

为了早日练成，程砚秋干脆全天都不脱掉跷板，即使扫地、打水，也绑着跷干活。等腿练直了，身体平衡了，进一步练走跷、跑跷。走跷就是踩着跷练习旦角的各种步法和姿势。跑跷就是旦角武戏的跑圆场、趟马、赶路等，其中又分侧步、碾步、碎步、退步、龙摆尾等等。夏天的时候，跑上两三趟，练功服就已经全部湿透，到晚上吃饭的时候，浑身的衣服都能拧出水来。到了冬天，天寒地冻，滴水成冰，穿上跷板，还得在又滑又冷的冰地上踩着跷跑圆场。

日复一日，程砚秋硬是咬着牙，以惊人的毅力一一挺过来了，最终娴熟地掌握了跷功。有了跷功的基础，久而久之，习惯成为自然，程砚秋到了舞台上表演时，无论站立、行走，都显得格外轻盈飘逸，婀娜多姿，真可谓翩若惊鸿，矫若游龙。跑圆场的时候,更是如脚下生风,身轻如燕,只看见人影动,看不见脚步挪,真是又美又帅。

这段充满着艰辛的学艺经历,程砚秋很多年后回忆起来,仍然是难以忘怀。虽然有苦有累有委屈,但学习跷功对他自身的技艺提高有着莫大的作用。与他同时代的其他大师,如梅兰芳、荀慧生、筱翠花等艺术家,幼时的跷功也十分扎实,这为他们日后塑造的舞台形象,增添了不少光彩。梅兰芳在花甲之年,还能出演《贵妃醉酒》《穆柯寨》这类见功夫的戏,不得不说,很大程度上靠的就是幼时学习跷功的"童子功"。

而说起荣蝶仙在学艺时对他严苛,程砚秋也不以为意,反而对老师造就了他的一身本领之恩铭感不忘。有一天,程砚秋因为演唱《宇宙锋》时,与琴师配合失误,荣蝶仙暴躁的脾气上来了,不问青红皂白就狠狠打了他一顿板子。由于没有得到及时的治疗和休息,使得程砚秋的脚踝处留下了创伤,皮下淤积了一个大疙瘩。直到二十年之后,他到欧洲考察戏剧,才在一家德国医院里,开刀治好了这一幼时留下的伤痕。

程砚秋成名之后,对师父依然敬重,请师父当剧团管事的经理,还同台演出,师徒关系很融洽。后来,荣蝶仙不知为什么离家出走,音信杳然。程砚秋一直承担着奉养师娘和师门亲属的责任,以谢师恩。人们感念他知恩图报的义举,都称他为"义伶"。

第五节

初次登台

　　用了一年的时间,程砚秋就已经很好地掌握了跷功的技巧。荣蝶仙看到程砚秋的腰腿功、跷功已练得不错,足以应付花旦的戏了,心中暗暗高兴。他的这一批徒弟中,数程砚秋练得最苦,也学得最好。此前,程砚秋已经跟陈桐云先生学了《打樱桃》《铁弓缘》《打杠子》等花旦戏,又教了他《虹霓关》等带武把子的戏。看到程砚秋很有天赋,荣蝶仙请来陈啸云先生,教程砚秋学青衣戏,希望他能拓宽戏路。

　　青衣又叫正旦,在传统旦行中占中心地位,有"大青衣、小花旦"之说。青衣的表演以唱为主,动作幅度较小,一般扮演端庄娴静的正派人物,在戏中担任重要角色。青衣的服装以穿青褶子为多,故叫"青衣"或"青衫"。虽然以唱为主,身段和动作并不繁难，但青衣的一举一动都要求极高，必须符合传统中对女性的行为规范，要做到目不斜视、笑不露齿、袖不露指、行不动裙等等。

陈啸云先生起初教程砚秋一出《彩楼配》时，是青衣唱功戏。他一字一句，教得仔细，程砚秋一腔一调，学得认真。当程砚秋学完一段"西皮二六板"后，荣蝶仙和陈啸云让程砚秋正儿八经的试唱一下，程砚秋的嗓音又高又亮，颇为出彩。两位师父非常激动，没想到程砚秋的嗓子这么好，这是青衣最难能可贵的天赋。从这以后，程砚秋放弃了花旦的戏路，专攻青衣，陆续又学了《宇宙锋》《祭塔》《别宫祭江》《玉堂春》等青衣戏。

改学青衣后，花旦必备的跷功不需要再练了，但学到的功夫却留在了身上。荣先生又教程砚秋练习青衣步法，要他两手捂着肚子，用脚后跟压着脚尖的走法来回走圆场，每天要在院子里走几百次。如学跷功腿上绑筷子一样，师父又让程砚秋在两腿间夹着笤帚走圆场，走的时候不许笤帚掉下来。一掉下，鞭子、板子也就上来了。

经过这样的"魔鬼训练"，为程砚秋的跑圆场打下了稳固的基础，日后上台时，一圈圆场跑下来，观众必叫好。他在台上跑圆场，上身纹丝不动，双脚在裙子里一点儿不露，跑起来裙子下角兜起一圈圆花边，真可用"凌波微步"来形容，既快又稳，美极了。他成年后，身体发育，变得高胖，为了表现出旦角的柔美，他就采用曲着腿跑圆场的方式，依然是美不胜收，而且一点儿也看不出他是屈着腿。这些身上的功夫，正是童年时苦练出来的。有了这样的功底，也才能在舞台上表现出青衣的稳重大方，给人以美感。

跟师父学艺，已经五年多了，程砚秋的基本功夫学的扎实，改学青衣后，又先后学了十几出戏。师父尝试着让程砚秋当众演出，一是提升他的现场表演能力，二也是想看看行业内对他的看法，"试试水""趟趟路子"。于是，荣先生带着程砚秋参加了浙慈会馆的"春阳友会"的演出。

"春阳友会"是京城一间有名的票房，参加的"票友"京剧水平都很高，也有较高的文化修养。因取阳春白雪之意，故名"春阳友会"，以示其高雅。由樊棣生主持，聘请梅兰芳、姜妙香、姚玉芙等人为名誉会员。这里平时是业余京剧爱好者聚会和演出的场所，有时一些职业京剧演员，甚至一代宗师也会来这里演出。春阳友会的一些名票友，也有转为职业"下海"，成为专业演员的。

十一岁的程砚秋在春阳友会初次演出后，当即引起人们注意，获得极好的效果。观众纷纷恭喜荣师父，也有的等程砚秋下来后当面向他表示祝贺和赞赏，还有人指出他戏里不够完美的地方，大家都很喜欢他的表演，对他的前途均表看好。程砚秋后来又在春阳友会演了几次，渐渐声名鹊起，圈子里很多人都知道了他。在樊棣生过寿诞的时候，程砚秋前来恭贺并献艺，演出获得满堂掌声。下台来，有人说起程砚秋的艺名太过拗口，请票房里善书能文的文牍主任徐醒缘先生为程砚秋重命艺名。在众人的恭请声中，徐醒缘沉思默吟，当他看到桌子上有一盘鲜艳开放的菊花时，灵感来了，拿起笔在纸上写下"艳秋"二字。他指着茶几上的盆菊对众人解释："此花艳于秋令，甚望老四（程艳秋）将来如菊之清，为君子处世所欣赏，方可称之无愧。"此后，程菊侬就改艺名为程艳秋。

有了票友们的认可，程砚秋终于开始了其职业演艺生涯。他的第一次营业性登台，是为芙蓉草唱开场戏，地点在东安市场内的丹桂园戏院。芙蓉草本名赵桐珊，比程砚秋大三岁，但在当时已经是名声响亮的旦角演员了，由于其学习能力极强，并广泛吸收梆子、皮黄、昆曲各种行当的表演技艺，会戏很多，被同业者称为"能派"。

虽然是为芙蓉草暖场，但程砚秋登台后不慌不忙，亮个相，开腔唱了几句后，四座皆惊。这次表演，后被张次溪记在书中："御霜（程砚秋）演，甫终一曲，四座皆惊叹曰：'是儿非池中物，行见如云龙飞矣！'"

第六节

遭遇倒仓

　　丹桂园的登台,程砚秋一炮打响。由于这个时期的程砚秋嗓音清亮,感染力强,有人将其与"青衣泰斗"陈德霖的唱腔相提并论,认为两人的腔调、唱法、嗓音都相当接近。因为陈德霖有个外号叫"石头",于是观众也亲切地叫程砚秋为"小石头"。

　　程砚秋渐渐有了名气,戏园子老板的邀约也一个接一个地来了。徒弟能唱戏挣钱了,最高兴的就数师父了。程砚秋在荣蝶仙处学艺的这几年,自然是"只出不进",虽然生活清苦花不了多少生活费,但师父付出的时间精力,加上请别的老师讲戏的钱,也不是一笔小数目。眼看着程砚秋越唱越火,师父自然高兴,对各种邀请来者不拒,恨不得将他变为一棵摇钱树。就这样，程砚秋白天要练功、学新戏、干杂务，晚上则要去票房和戏园子演出，每天早上一睁眼就开始忙，直到深夜才能卸下妆休息，睡眠严重不足，吃饭也是饥一顿饱一顿，小小的年纪，身体很快就撑不住了。

身体的疲劳，还是小事情，此时的程砚秋，遭遇了青春期的变声，也就是戏曲演员常说的"倒仓"期。"倒仓"是人人都会经历的事情，是指人从幼年进入青春期身体迅速成长，各个器官及机能也随之发育。这个时期，作为人体发声器官的喉部，变化尤为明显，尤其是男生，喉结变得突出，声音逐渐变低或突然变得嘶哑。戏曲界把这个生理发育变化过程叫做"倒仓"，医学上叫做变声。

变声期间，年轻的演员会感到自己失去了控制嗓音的能力，找不准音调，嗓音也不稳定，而且声音变劈、沙、沉闷，有时隔夜突然变得嘶哑。一般的要经过三到六个月的时间，声音才逐渐恢复。个别人变声后长时间嘶哑，要经过一两年或更长一段时间，声音才能慢慢地恢复过来。

作为演员，遭遇"倒仓"，一定要停止演唱，保护和调理嗓子，顺利地度过倒仓期。这是关系到一个演员（尤其是文戏演员）艺术生命的大事。王梦生在《梨园佳话·总论》中说："佳喉善唱，一经倒仓便哑。"梅兰芳在《舞台生活四十年》写道："演员的倒仓变嗓时期是一个关口，倒不过来，往往一蹶不振。"姜妙香倒仓由青衣成了小生，杨宝忠倒仓由演员成了琴师，周信芳倒仓另辟蹊径，变换了演绎人物的方法，着重在做功。但是，更多人则因为没有过好这一关，毁了嗓子，造成了终生遗憾。

就在可以登台唱戏挣钱的时候，十三岁的程砚秋，因为身体发育，开始出现变声倒嗓。按理说，此时他应该停止大强度的演出，休息身体调理嗓子，待到变声结束后再登台。但那是的程砚秋，还只是戏班子里签了"关书"的小学徒。终于有一天，他先是去了浙慈会馆的日场唱《祭塔》，晚上又赶到丹桂园连唱两场，由于劳累过度，嗓音嘶哑，出现了严重的"倒仓"。第二天，程砚秋嗓子极不舒服，不要说唱戏，就连说话都很困难了。

恰恰在这时，上海有一家戏园的老板，名叫许少卿。此人很精明，专门邀请北京的名演员去上海唱戏，梅兰芳当年首赴上海一炮而红，就是他约的。当他听说北京出了个唱青衣的"小石头"，才十几岁，但唱得极好，口碑甚佳，就有了邀约的想法，希冀着能像当年梅兰芳那样，再挣上一笔大钱。

许少卿找到荣蝶仙，开出了每月六百银元的包银，约程砚秋到上海演出。这可不是一笔小数目，荣蝶仙当下就答应了，并且对外放出风去，说程砚秋要去上海演出一段时间，北京的演出暂时停止。

唱包月，是非常累的，必须在戏园子里日夜连轴唱。老板都是以挣钱为首要目的，哪里管你演员的死活。师父不管不顾，但观众和圈子里的人却都替程砚秋捏一把汗。此时的程砚秋正处在严重的"倒仓"期，如果在北京，还能有个休息调整的时间，一旦去了上海，势必每日都要登台，嗓子非唱坏不可。

程砚秋得知自己要去上海唱包月，按理说能去"上海滩"闯荡一下是一件好事，但自己正处在变声期，真要订了合同去上海，那后果一定是凶多吉少。师父心里的想法，他自己很明白，师父是不可能看着钱不挣的。怎么办？难道自己辛苦学艺这么多年，眼看着就要熬出头了，却得毁在这"倒仓"上吗？可怜的程砚秋只有暗自焦虑，但身不由己，一切由师父主宰。

关注和喜欢程砚秋的人，听说了这件事后，虽然同情他的遭遇，但也无能为力，只能惋惜。眼看着梨园界这一棵刚刚破土而出的幼苗，就要被命运的风雨摧折，有一位贵人在这危急时刻挺身而出，他出巨资为程砚秋赎身，终止了上海的包月合同，帮助他脱离险境。此后，他又像一位辛勤的园丁，将这株幼苗培育成参天大树。这个人，就是程砚秋终生不忘的恩师罗瘿公。可以说，没有罗瘿公，就没有日后的程砚秋。

百年巨匠
Century Masters

程砚秋剧照

第二章

幸遇恩师

XINGYU ENSHI

罗瘿公与程砚秋之间的关系，不仅仅是简单的资助和辅导，更多的是剧作家和老师的关系。罗瘿公是程砚秋重要的引路人和策划者，并介绍程砚秋拜梅兰芳为师，向王瑶卿问艺。

第一节

恩师赎身

程砚秋的师父荣蝶仙为了包银,答应了上海老板的条件,逼着程砚秋到沪上唱戏。消息一出,梨园界和众多京剧爱好者议论纷纷。荣蝶仙此举,很可能将程砚秋推入险境,后果堪忧。大家都替这个初出茅庐、前途无量的少年可惜。

有人找到荣蝶仙,力陈这样做无异于杀鸡取卵,是一种短视的不可取的行为,希望他能推掉上海之约,让程砚秋好好休息。但荣蝶仙定金都已经收了,吃到嘴里的,如何肯再吐出来?他以自己是程砚秋的师父,并有契约关书为证为借口,扬言谁也无权干涉,除非程砚秋不再是他的徒弟,否则一切都要听他的。

就在这紧要关头,消息传到了一个人的耳中。此人名叫罗瘿公,是京城有名的京剧鉴赏家,他听说荣蝶仙坚持要程砚秋赴沪演出,当机立断,及时出手,帮助程砚秋解除与荣蝶仙的"师徒契约",为程赎身。他行动前,对身边人说,不管花多少钱,也为京剧保留住这朵"才露尖尖角"的"小荷"。

罗瘿公,字掞东,号瘿庵,晚号瘿公,祖籍广东顺德,1880年生于北京,其父罗家劢为清翰林院编修。罗瘿公幼承家学,自幼聪慧,早年曾就读于广雅学院,师从康有为,与梁启超、陈千秋等同为康门弟子。光绪二十九年(1903)参加科举,中副贡,后屡试不第,对仕途心灰意冷,转而寄情于山水,以读书、作诗为乐事。他曾经与林纾(琴南)、樊增祥(樊山)等人集为诗社,以文会友,林纾绘画,众人题诗,颇得古代兰亭集会的流风遗韵。

诗人、京剧剧作家罗瘿公

辛亥革命后,罗瘿公历任总统府秘书、国务院秘书、参议、顾问、礼制馆编纂等职,与袁世凯等要人有交往,曾是袁子寒云的老师。袁世凯意图复辟帝制,极力拉拢罗瘿公为其所用,但罗瘿公不肯苟合,婉拒袁的邀请。

罗瘿公为人清高,看不惯官场中的勾心斗角,也不肯经商挣钱,他最喜欢的还是纵情诗酒、流连戏园,过得很是潇洒。他曾赋诗明志:扰扰名利趋苦恼,纷纷蛮触自争持;终年听曲行吟处,尽是先生快活时。

为了能够"清歌日日吾耳娱",罗瘿公即使节衣缩食、卖文鬻字也在所不惜。有人看不惯他的这种态度,认为他自暴自弃,劝他抖擞精神,重入仕途,再振祖业。但罗瘿公不为所动,并以诗作答:有客叩门屡不值,每向吾友三叹息。谓我昏然废百事,苦伴歌郎忘日夕。

罗瘿公非常喜爱京剧,对京剧有很高的鉴赏和理解。他本人是梅兰芳的拥趸,梅兰芳刚刚唱红的时候,他是每逢梅兰芳有戏,必"捧场"。他还利用自己的

程砚秋 16 岁时与罗瘿公合影

文化艺术修养,在"京剧雅化"过程中发挥了重要作用,与齐如山、王瑶卿、梅兰芳等都有着深厚的友谊,称得上是至交。

正是因为爱戏懂戏这个原因,罗瘿公从不歧视戏剧演员,反而喜欢结交那些别人口中的"戏子",将他们当作知心朋友。他同情他们的遭遇,尊重他们的人格,欣赏他们的艺术,相与盘桓,彼此切磋,乃至全情投入,撰写剧本,参与舞台艺术实践。梅兰芳早年首演的《西施》,就出自他的手笔。

罗瘿公认识程砚秋,也是通过"戏"的媒介。罗瘿公以无比的惊喜和敏锐的目光,发现了程砚秋资质优异的禀赋和超凡脱俗的才华,并断言是继梅兰芳之后的又一天才。他深为程砚秋的艺术所陶醉,成了最忠实的观众,有戏必看。正是出于对程砚秋潜质的认可,才使他最终做出了斥巨资帮助程砚秋赎身的决定。

罗瘿公和朋友陈千秋一起,找到荣蝶仙说明来意,询问赎身之资的价款。荣蝶仙好不容易有了程砚秋这棵"摇钱树",哪里肯轻易解除契约。在罗瘿公软硬兼施之下,荣蝶仙最终同意了,但他"狮子大张口",开出了七百大洋的价码,少一分都不行。

在外人看来,罗瘿公豪放不羁、消闲自在,终日观戏听曲,必定是有钱人。其实,他是个清贫之士,日子过得很是窘迫,有时连买戏票的钱都没有。在他的诗集《瘿庵诗集》中，黄晦之写的序言中曾写道："甲寅元日，瘿庵过余曰：吾岁之资，今日只余一金耳，以易铜币百数十枚，实囊中，犹不负听歌钱也。"挣钱对他来说，本不是难事，袁世凯当道时极力罗致他，高官厚禄随他挑。许多北洋政府的官僚也同他有旧交情，只是他不愿趋炎附势，趟官场里的"浑水"，宁肯自守清贫，卖文为生。

罗瘿公一心想替程砚秋赎身，他找到一些金融界的朋友借贷，又从文友处借了一些，筹够了七百银元交给荣家，退了上海的合同，正式将程砚秋从师门赎出。此时，程砚秋与荣蝶仙的师徒契约，还有一年就要期满了。这笔钱帮助他提前跳出了险境，得以保护了嗓子，才成就了日后的辉煌。程砚秋成名之后，才一点一点将这笔借贷逐渐还清。

有了自由身，程砚秋的心情别提多高兴，多痛快了。他在罗瘿公等人的见证下，与师父荣蝶仙正式办理了出师手续，像一只出笼的鸟儿，跟着罗瘿公离开了他洒遍了汗水和泪水的师父家。他可以回家了，可以又看到母亲和哥哥们了。罗瘿公也为他高兴，在送程砚秋回家的路上，这位诗人不禁口占一首：金缕初解鸟高飞，谁道轻抛旧舞衣。柳絮作团春烂漫，随风直送玉郎归。

第二节

踏上正途

　　程砚秋回到家中，见到了朝思暮想的家人。母子相见，分外高兴。母亲明显苍老了许多，她的额头、鬓角已经出现了斑斑白发。儿子在外学戏，老太太只能独自在家苦熬，每天挎着小柳条筐上街卖煤球，平时做点针线活换点油盐酱醋。如今，这最小的孩子提前出师，自己以后总算有了个盼头。几年过去了，家里的两间小破屋更显得破败不堪。可是，能回家住，程砚秋心里觉得特别踏实，特别温暖，真是"金窝银窝，不如自家的草窝"。

　　托氏对搭救程砚秋的罗瘿公，千恩万谢，直说罗瘿公是活菩萨转世。罗瘿公谦让一番，就告辞回去了。临走时，他让程砚秋诸事别问，只需在家好好休息，同时，他还请了一名中医给程砚秋治嗓子。没几天，罗瘿公又来了，这一次，他是为程砚秋母子搬家来的。

送程砚秋归家的时候，罗瘿公见到程家的房屋又破又烂，并且处在天桥的大杂院里，拥挤嘈杂，不利于程砚秋调养休息。于是便在北芦草园九号租了一所房子，这里比较安静宽敞，离梅兰芳的住所很近。罗瘿公住在广州会馆，也离此不远，便于就近往来。这一切，都由罗瘿公一手筹措，目的是为程砚秋创造一个良好的学习环境和氛围，使之能更好地练功、学艺和习文。

程砚秋夫妇与程母及儿女合影

对罗瘿公来说，为程砚秋赎身，并不仅仅只是他疏财仗义、出手相助的正义之举。他的目标，不止于挽救一个险些被葬送的天才，而是倾其全力，将这位天才引向辉煌之路。因为罗瘿公认定，程砚秋身上有成为一代宗师的潜质，是梨园不可多得、百年难遇的奇才，他此生最爱京剧，当然也就会为京剧奇才倾尽全力。

罗瘿公看到了程砚秋身上的天赋，同时也看到了程砚秋的不足。程砚秋只读了一年私塾，学习戏剧占用了他的全部时间和精力，他没有机会学习其他门类的艺术，也没有机会通过读书提高自身的文学修养。这种底蕴和基础的欠缺，势必会影响程砚秋日后成为大师的进程。此外，"好酒也怕巷子深"，演员若想成为"名角儿"，除了自身的努力，人脉和运气也是重要的一个方面。罗瘿公在这些方面，都可以为程砚秋提供帮助，保驾护航。

等到程砚秋嗓子好了一些，罗瘿公正式开始了他对程砚秋的培养计划。他先是帮助程砚秋接一些演出，赚取报酬，维持全家生计。偶尔也参加一些义务演出，与众多的名演员搭班唱戏，增加他的见识和技艺。近一年中，程砚秋先后与尚小云、荀慧生、余叔岩、王瑶卿和梅兰芳等人合作或者搭戏,提升了他的知名度。

　　罗瘿公非常重视程砚秋的学习和学艺,他根据程砚秋的具体情况,制定了一张每日活动的课程表,非常细致和全面:上午由阎岚秋(艺名九阵风)先生教武把子,练基本功,吊嗓子;下午由乔蕙兰先生教昆曲身段,由江南名笛师谢昆泉、张云卿教曲子;晚上到王瑶卿先生家中学戏,或去剧院观摩演出。每周一、三、五还要到平安电影院看电影,学习其他艺术的表现手法。可以看出来,罗瘿公对程砚秋的培养是花了心思的,他不仅邀请王瑶卿先生这样的京剧大师亲身传艺,还别出心裁地利用电影这种影视艺术,提高程砚秋对表演,特别是人物塑造的理解和学习。

　　有人看到罗瘿公这种安排,觉得学得太慢,既耽误时间,也耽误挣钱,不如让程砚秋多演戏。罗瘿公却不以为然,他有独到的见解,有意将程砚秋培养成文武昆乱不挡的全才,特别是程砚秋正值从少年到青年的过渡阶段,不打下全面基础,今后很难有大的成就。他曾明确地写道:"程砚秋以青衫兼习刀马旦有闻,而惋惜者谓从此不复为纯青衣矣。不知前辈名伶必文武昆乱兼习,方能特出冠时。若拘守青衫老戏十余出,则旦角之途太狭矣。"这说明罗瘿公对程砚秋的培养,不是急功近利的短视行为,而是具有深谋远虑的长远眼光,是根据京剧艺术的规律而做出的正确抉择。

　　程砚秋是幸运的,遇到了罗瘿公这样的伯乐。在他十五岁之前,有幸跟随阎岚秋、乔蕙兰、王瑶卿这些一流的艺术家学习。不到两年的时间里,程砚秋跟着阎岚秋熟练掌握了刀马戏的武把子,跟着乔蕙兰学习了昆曲,这种广泛涉猎的学习,为他日后成为一代名伶奠定了坚实的基础,也成就了他艺术中"人无我有""另辟蹊径"的独特魅力。

　　除了延请名师,为程砚秋传授戏剧专业技艺,罗瘿公也非常重视对程砚秋文化素养的培育。由于家庭贫困,程砚秋只上过一年私塾,文化程度不高。罗瘿

程砚秋书法作品

公本为饱学之士，清楚地知道文化对人的修养和综合素质的重要性。他亲自担任程砚秋的文化课老师，向他讲解诗词歌赋，教授书法，学习国画。为了提高程砚秋对戏中人物的理解，更好地表现人物的内心世界，罗瘿公结合程砚秋学过的戏，帮他研究吃透剧本，从一字一句、谋篇布局到剧中人物的性格、全剧的内涵，都一一剖析，细细品味。这种理论结合实际的学习方法，特别适合程砚秋的实际，使他既学习了文化，又熟悉了剧情，提高了兴趣。

演员在社会交往中，很多时候会接触到其他艺术界的人士。罗瘿公要求程砚秋要多多了解其他艺术门类，并介绍他跟名画家汤定之学习绘画，武术名家高紫云学习剑术，一方面让程砚秋接受高层次的文化熏陶，培养高尚的美学情趣，提高艺术鉴赏能力；另一方面也让前辈了解和熟悉这位菊坛新秀，加以提携。正是在罗瘿公的推荐和不遗余力的帮助下，程砚秋首先在艺术界得到了推广和认可，也得到了很多演出和表演的机会。在日后程排演新剧时，他也应用上了这些知识，使得他的新剧剧本非常的讲究，有着领先时代的创新精神。

第三节

通天教主

在程砚秋学艺的道路上，对他影响最大、教益最深的老师，当属"通天教主"王瑶卿。说起王瑶卿，他是京剧史上绕不开的一个人。

王瑶卿，1881年9月29日（清光绪七年八月初七）生于北京，1954年6月3日病逝于北京。他祖籍江苏，家中五代梨园，自幼受家庭的艺术熏陶，九岁从田宝琳（陈德霖之师）学青衣。后入四大徽班之一的"三庆班"向崇富贵学武功，再从谢双寿、张芷荃、杜蝶云等习青衣和刀马旦，并得到钱

王瑶卿

金福指教把子功。

十五岁的王瑶卿,就随班到颐和园演出,慈禧临时点了《四进士》,可演杨素贞的陈德霖不在,只能让他现"钻锅"。演出很成功,王瑶卿还得到慈禧的赏赐,他也因此学到了救急的本领。由于他常在宫中为慈禧演出,长了不少见识。他和谭鑫培经常合演《南天门》《牧羊圈》《金水桥》等戏,尤其是《汾河湾》颇受慈禧赏识。特别是一次将慈禧改得无法演唱的昆曲《阐道除邪》谱成京剧,得到了慈禧的特殊奖赏。

王瑶卿表演的突出点,就是以剧中人的身份、性格和情感为依据来刻画人物。他非常讲究"戏文"、"戏理"和"戏情",尤其注重"心戏"。他常说:"戏是人唱出来的,死戏可以活唱、戏死可以唱活"。一出普通的开场戏,他能唱成有声有色的大轴戏。他善于把生活和艺术有机地结合起来,尤其是堪称一绝的旗装戏,是"王派"艺术的精髓。这和他进宫演戏有关,在宫中承差时,观察了西太后、皇后、皇妃、福晋等人的言谈话语和声容仪态,日久天长自然见多识广,体验就深刻了,把它融于《雁门关》《四郎探母》《梅玉配》《大登殿》《珠帘寨》等戏中,再加以艺术创造,成为"王派"极有特色的代表剧目。

王瑶卿和程砚秋剧照

王瑶卿擅演旦角,是京剧史上以旦角挑大梁的第一人。二十多岁后,由于嗓音问题,他较少演出青衣戏,转而研究并侧重于演刀马旦和花旦戏。以整理和新编的《雁门关》《金猛关》《樊江关》《得意缘》《万里缘》《马上缘》《琵琶缘》《荀灌娘》《木兰从军》《天香庆节》《江南捷》《穆柯寨》《棋盘山》《天河配》《乾坤福寿镜》《十三妹》等展献给观众。

程砚秋、王瑶卿与王吟秋合影

　　王瑶卿塑造人物的能力超强,是天生的表演艺术家。在舞台上,他敢于打破常规,善于调动一切艺术手法,塑造了许许多多形神兼备、栩栩如生的舞台艺术形象,如见义勇为、嫉恶如仇的何玉凤;有勇有谋、替父从军的花木兰;智勇双全、天真活泼的荀灌娘,文武兼备的抗金元帅梁红玉等等,真是众口称赞、盛极一时。在诸多戏中充分展示了他的艺术才华和创造才能,形成了独树一帜、风格新颖的"王派"艺术。

　　王瑶卿也是非常著名的戏曲教育家,他本人能戏甚多,又善于教学,精通驾驭年轻演员的技巧,许多当时的京剧演员都曾经受教于他。他曾发现并重点培养过一大批演员,使他们由普普通通的演员成为"德艺双馨"的一代名家,为继承与发展京剧艺术,不可磨灭的贡献。像梅兰芳、程砚秋、荀慧生、尚小云、赵桐珊、程玉菁、雪艳琴、新艳秋、华慧麟、王玉蓉、章遏云、杜近芳、张君秋、荀令香、刘秀荣以及名票章小山等等,都或多或少受过他的教诲。当然,这些人之中,受他影响最大,从他学习最多的,还得说是程砚秋。

　　罗瘿公为程砚秋找来王瑶卿当老师,本意是为了提高程砚秋对旦角演员在舞台上的理解,使他能成为真正的一代名旦。在京剧史上,生旦并驾齐驱,是从王瑶卿始;旦行独立门户、自成一派他是首创;旦角挂头牌他是第一位;旦角唱大轴他是第一人。学旦角,不能不找王瑶卿。

　　但王瑶卿,却有自己的想法和方式。一开始,由于是罗瘿公出面,王瑶卿不好直接拒绝,但收下程砚秋之后,他也没有马上就开始授课。程砚秋拜王瑶卿为师时十六岁,王当时三十九岁,正当壮年,还在从事舞台演出,但已经收了不少徒弟,在教戏上已积累了丰富的经验。王瑶卿教学生,不看名气,也不看天赋，而是看学生的人品。

王瑶卿家住宣武门外，南北两个大院。王瑶卿住的北院有五间房，右边两间是他的卧室，中间是客厅。除了唱戏，王瑶卿也是个古董收藏爱好者，家里金石字画珍品很多，他居室中横阁眉上有"古瑁轩"三字横幅，因此"古瑁轩"成了王宅的代称。由于王瑶卿学生众多，加之不少文人雅士也总爱来他这里聚会，家里总是宾客盈门，几乎没有静下来的时候。

即使老师不给说戏，程砚秋在王家也是很有规矩，当老师和宾客交谈的时候，他总是坐在偏僻的角落里，静听客人们的高谈阔论，增长知识见闻，从不插言插语，看到客人们的茶杯空了，就及时过去端茶送水。客人散去，王瑶卿照例会休息一会，程砚秋便在庭院中围着金鱼缸练台步、背台词，从不懈怠。王瑶卿隔着窗户看着程砚秋练功，对他的乖巧和勤奋很欣赏，不由得对他有了一些好感。

程砚秋去王瑶卿家学戏，路上要经过妓院集中的"八大胡同"，他为了避免沿途妓女的拉拉扯扯，宁肯多走二里路，绕道而行。学完回家时，也是如此，路上目不斜视，低头疾行。王先生觉得程砚秋小小年纪，却非常自律，没有一般梨园子弟身上的那些不好的习气。他对身边的人夸赞程砚秋，说这个当演员的，有心胸，有志气，能管得住自己，那真要好好教教他。

第四节

另辟蹊径

考验了程砚秋一段时间后，一天晚上，王瑶卿专门把程砚秋叫到身前，让琴师起个调门，叫程砚秋好好唱了一段。听着听着，便皱起了眉头，听完之后，更是大为失望。原来程砚秋的嗓子"倒仓"之后，变得又闷又窄，出现了一种"诡音"（又称"鬼音"，即脑后音）。这种诡音，唱老生、花脸还可以，唱旦角就吃不成戏饭。这与梅兰芳那圆润甜美的嗓音，更是无法相比。

程砚秋早先嗓子极好，能唱乙字调，与"青衣泰斗"陈德霖的唱腔非常相似。陈德霖有个外号叫"石头"，于是人们也把程砚秋叫为"小石头"。程砚秋刚出道时，以嗓音高亢、音质纯清而著称，刘鸿升发现了他，由于刘的行腔专往高音发展，拔高时声如裂帛、激昂铿锵，一般青衣很难与之配戏。刘主动约程砚秋加入鸿奎社，合演《辕门斩子》，程砚秋配演穆桂英，嗓音高亮响堂，与刘鸿升满宫满调的高腔，旗鼓相当，相互媲美，赢得观众一片叫好。二人珠联璧合，被人称作一时瑜亮。

可是，程砚秋发育后，遭遇了严重的倒仓，倒嗓倒得很苦，不仅出不来"正音儿"，反倒产生了"鬼音儿"。这种脑后音是唱旦角的大忌，素有"鬼音儿出现没饭吃"的俚语流传。程砚秋的嗓音条件发生变化，辛苦地倒嗓子，这件事最清楚的莫过于罗瘿公了。他之所以找王瑶卿给程当老师，很大原因也正是因为这个。罗瘿公知道，这个时候，这种情况下，能够帮助程砚秋的，非王瑶卿莫属。

按理说，程砚秋是梅兰芳的学生，梅兰芳又是王瑶卿的学生，程砚秋与王瑶卿之间，隔了一辈。同时，程砚秋本是荣蝶仙的徒弟，荣蝶仙又是王瑶卿的外甥女婿，由此论，程砚秋与王瑶卿也隔着一辈。王瑶卿完全可以用这个借口拒收这个"吃不成戏饭"的徒弟，但他看到了程砚秋的潜质，也非常喜欢这个为人正派、勤奋低调的后辈，他一定要帮这个年青人一把。

王瑶卿指出了程砚秋的缺陷，同时也鼓励他立足根本，敢于创新，走一条不同于任何人的新路。他对程砚秋说，你的嗓子比较特别。这种音，要是模仿别人、随俗当令，祖师爷就不会赏你"饭吃"，如果你敢闯、敢变，就"有饭吃"！

程砚秋听完老师的话，心中十分感佩。他感动地对王瑶卿说，一切都听师父的安排，砚秋不怕吃苦，一定跟师父好好学。王瑶卿的这一个"闯"字，加速了程砚秋探索自己独特唱腔的进程，也如一盏明灯，照亮了程砚秋今后的艺术道路。

王瑶卿教学生，最擅长的就是因材施教、因势利导。他对梅兰芳、尚小云、程砚秋、荀慧生四大名旦，不但根据其四人发音、表演、特长的不同而分别培养成为各自的流派创始者，而且据其特点传其剧目，使之成其为代表剧目。梅兰芳的《虹霓关》、尚小云的《乾坤福寿镜》、程砚秋的《荒山泪》和荀慧生的《玉堂春》这些经典剧目，无不是王瑶卿一字一句、精心培育下形成的。他曾风趣地将自己的教学方法形象化地比喻为："别瞧我有这些个徒弟，就好比有这些个猴，全在我这个绳上拴着，我得瞧这个猴儿该怎么拴才怎么拴，认真了，是一个猴儿一个拴法。"

此后，程砚秋几乎每天晚上都要去大马神庙王家聆教，这个习惯，一直到他成名成家后也未改变。从1922年起，程砚秋开始排演新戏，早期新戏概由王瑶卿创腔、导演，中期以后他的新戏，由自己进行唱做的创造，再经王先生订正，坚持三十年不辍。程砚秋结婚后，每天晚上照例去大马神庙求教。成名大红后，仍不时去王家，一待就是半夜，有时戏散了不回家，在外面随便吃点东西就去大马神庙。

王瑶卿深知，程砚秋除了嗓音之外，念、作、打样样精通，这是难得的基础。他本人在舞台上是深谙变通之妙的，在他二十多岁之后，也是因为嗓音趋弱，才综合花旦、刀马旦及大青衣的表演精髓，独创了"花衫"这门行当。对于程砚秋，王瑶卿根据其嗓音特点，反复试验，另辟蹊径，终于摸索出一种以气催声的唱法，苦苦地练出了一种"虚音"，逢到拔高的时候就用"虚音"来领。慢慢地低音也找到了，还是用"虚音"来带低音，最后落到了"脑后音"上。因此，程砚秋演唱时，忽而"雾里看山"，用"虚音"稳住"脑后音"；忽而"春光明媚"，以"虚音"领起高音，声腔变化多端，别有一番韵味，与众不同，独具神采。因此，内行都把他的"虚音"叫做"救命音"。两三年的时间，程砚秋通过练嗓和演出实践，终于练出了一条高低咸宜的"功夫嗓子"，这为后来程腔的形成，奠定了基础。

日后，程砚秋创造了婉转、低回、深沉、幽咽的程腔，这是程砚秋在传统京剧旦角唱腔的基础上，结合并充分发挥个人特长，革新创造而成。换言之，是他听从王瑶卿"闯"出来的结果。不闯，就不会有变革，也不会有程腔。这"闯"的艺术思想，正是王瑶卿对程砚秋画龙点睛的指点，从此开辟了程砚秋焕然一新的艺术道路。

王瑶卿是公认的善创新腔的高手,他对程砚秋的戏码,颇下了一番声腔的工夫。王瑶卿的这份功夫,早在年轻时就显现出来。有一次,王瑶卿与谭鑫培演出《玉堂春》,谭因病不能出演,戏班临时决定让王瑶卿挂头牌演苏三,贾洪林替演刘秉义。结果反映极佳,他竟以旦角头牌唱红了这出《玉堂春》。此后,王瑶卿在不断的演出中,对《玉堂春》的唱词、唱腔、话白,乃至全剧结构进行边演边改,最后成为一出以旦角为主的大轴戏。此后不管是梅兰芳、程砚秋只演"起解""会审",还是尚小云后带"监会""团圆",荀慧生前加"嫖院""定情"到"团圆"止的四大流派风格各异的演出,都是王瑶卿先生根据他们个人嗓音和表演特点,而安排各具特色的演法。

　　王瑶卿牢牢把握程砚秋的嗓音和演唱特点,将一些传统老戏(如《贺后骂殿》《六月雪》)加以改旧翻新,另制新腔,使之适合于程砚秋演唱,成为程砚秋的拿手好戏,而且程砚秋早期编排的新戏,都由王瑶卿创腔,排练。即使后来程砚秋自己设计的唱腔,也先去向王瑶卿请放,经王瑶卿订正后,才放心演出。

　　在程砚秋的艺术实践中,王瑶卿对程砚秋那种别具一格的唱法和脍炙人口的腔调,乃至对程派剧目的建设和程派艺术的形成,都有着举足轻重的作用。

第五节

拜师梅郎

　　罗瘿公与程砚秋第一次近距离接触，是在朋友的一场堂会上。当时，程砚秋十二岁，罗瘿公已四十四岁。看到程砚秋当时的表演，他大吃一惊，直呼程砚秋的表演比传闻中的更加精彩，将来的成就可媲美梅兰芳。

　　他在《赠程郎》五首诗的小序中，曾经叙述过他们的初次相会："余屡闻人誉艳秋，未之奇也。一日，观梅郎剧罢，杨子穆生盛道艳秋声色之美，遂偕听曲。一见，惊其慧丽；聆其音，婉转妥帖，有先正之风。异日见于伶官钱家，温婉绰约，容光四照。与之谈，温雅有度。迩来菊部颓靡，有乏才之叹，方恐他日无继梅郎者。今艳秋晚出，风华相映，他时继轨，舍艳秋为谁？来轸方遒，当仁不让。"

他曾在诗中披露了这种喜不自禁的心情："日上新声渐寂寥,梅郎方调本天骄;谁知后辈风华甚,听彻清歌意也消。除却梅郎无此才,城东车马为君来;笑余计日忙何事,看罢秋花又看梅。"

罗瘿公对程砚秋的赏识和喜爱,自不待言,但他对梅兰芳艺术的欣赏,则更早就开始了。梅兰芳比程砚秋大十岁,也是年少成名,到他二十多岁时,已经是梨园界风靡大江南北的名角儿了。梅兰芳以其独特而富有魅力的梅派艺术,在舞台上流光溢彩,倾倒了无数观众。

辛亥革命之后,梅兰芳在时代潮流的推动和众多友人的支持下,大胆进行艺术改革的试验和探索,编演了不少新戏。其中既有时装戏《宦海潮》《邓霞姑》《一缕麻》,又有古装新戏《嫦娥奔月》《黛玉葬花》《天女散花》《千金一笑》等。这股改编新戏的潮流,引领了当时梨园界的风气,使人耳目一新,令观众如痴如醉。

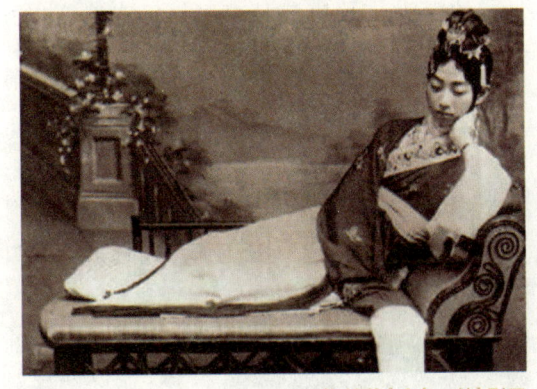

梅兰芳《千金一笑》剧照

程砚秋也是梅兰芳的忠实观众之一,还在他学戏期间,就经常观看梅兰芳的演出。他对梅兰芳编演的古装新戏羡慕之至,对梅兰芳在戏剧中对头饰、扮相、服装、道具等各方面的变革非常欣赏,对梅兰芳敢于打破传统、大胆进行创新的精神也心向往之。他心中暗想,要是能有机会拜他为师该多好啊!但梅兰芳当时声望如日中天,而自己还是个刚刚出师的学徒,想要拜师,只是可望而不可即的奢望。

作为程砚秋的培养人,罗瘿公也有此意,他比程砚秋想得更早,也更周密。程砚秋从荣蝶仙处提前出师,罗瘿公为程砚秋一家在北芦草园附近找了房子,与梅家成为近邻,就有便于两人来往之意。罗瘿公与梅兰芳关系极好,算是至交，经常去梅家走动。有时，也会带上程砚秋去梅家拜访梅兰芳，梅先生见到程砚秋，看他规规矩矩、清秀聪慧，心里也很喜欢。在罗瘿公的介绍下，梅兰芳得知程砚秋自小学戏，如今在舞台上已崭露头角，更有意栽培。罗瘿公见两人投缘，便决定让程砚秋拜梅兰芳为师，这自然使程砚秋喜出望外。梅先生也同意，只是有一条，他想要一幅徐悲鸿的画作为拜师礼。

梅兰芳的这个要求，非常的雅致，也非常的特别。其一，众所周知，梅兰芳喜欢绘画，也擅长绘画，罗瘿公就曾介绍著名画家王梦白教梅兰芳学习绘画。他要一幅画作为拜师礼，真是恰如其分。其二，他知道罗瘿公和徐悲鸿有深厚的交情，有罗瘿公出面，徐悲鸿定会应允。

徐悲鸿与罗瘿公私交甚好。在徐初出茅庐的时候，从上海到北京，手持康有为的亲笔信，拜会罗瘿公。相见之后，罗对徐的才能极为赞赏，向教育总长作了推荐，同时将徐悲鸿介绍给北京文化名流。罗还买好戏票，邀请徐悲鸿观看梅兰芳、程砚秋的演出，并与之结下友情。所以，当罗瘿公特地要求徐悲鸿为梅兰芳画一幅像，作为程砚秋拜师的"见面礼"时，徐悲鸿当即就应允了。

徐悲鸿画了一幅梅兰芳的《天女散花》的剧装像，他以西洋画的造型、中国画的技法，将梅兰芳画在云雾缭绕之中，双手合十，一片虔诚，将朵朵鲜花洒向人间。整幅画造型生动、姿态优美、神情逼真、意境深邃。罗瘿公一见，拍案叫绝，他挥毫在画面上题诗一首："后人欲识梅郎面，无术灵方更驻颜。不有徐生传妙笔，安知天女在人间。"

在程砚秋向梅兰芳拜师那天，这幅《天女散花》剧装画像高悬在梅家院子的大厅中央，格外引人注目。在人们的赞扬和祝贺声中，十五岁的程砚秋向二十五岁的梅兰芳恭行拜师大礼。这预示着

《天女散花图》

中国剧坛的两颗巨星，冉冉升起，交相辉映，照彻寰宇。

拜师后，梅兰芳为程砚秋讲了许多自己的拿手戏，如《贵妃醉酒》《虹霓关》《女起解》《玉堂春》等。他自己演出时，也必定留出一个固定的座位给程砚秋，让他在台下观摩学习。程从观摩梅师的演出中，获得不少启发，尤其是梅先生首创的一些古装新戏，打开了他的眼界和思路，暗自在心目中，埋下了自编新戏的种子。几十年后，梅先生还回忆说："他每次看过戏后，常常向我提出一些表演艺术上的问题，彼此都收到切磋的功效。这位沉默寡言的青年，在稠人广坐中是不喜欢夸夸其谈的，可是我们对谈时，他就能够说出许多有道理的见解，且不是人云亦云，随声附和的。"梅先生对徒弟的赞扬之情，溢于言表。

梅兰芳与程砚秋合影

1920年，著名实业家张謇邀请梅兰芳去南通演出。梅因为有其他事务，不能分身，特地指定程砚秋代表自己前往南通。行前，梅兰芳将自己精心锤炼的《贵妃醉酒》一剧，一招一式地传授给程砚秋。程砚秋也不负厚望，于1920年12月在更俗剧场演出《贵妃醉酒》，一炮打响，有人誉为程砚秋"平生第一杰出"。有人去年看了梅的演出，今年又看程的演出，觉得学生和先生演的一样，只不过稍为生一点罢了。程砚秋不辱使命，圆满完成了先生交给他的任务。对此，梅兰芳、罗瘿公等都很满意。转年（1921）五月，梅兰芳又请齐如山先生陪同弟子程砚秋到南通演出，祝贺张季直七十寿辰，再次表示了梅对程的倚重。

1920年9月，程砚秋与谭小培（老生泰斗谭鑫培之子）在北京华乐园合组

45

程砚秋《汾河湾》剧照

玉华社,开演第一日,程、谭合演《汾河湾》,观众达千余人,盛况空前,"后至者皆向隅"。《汾河湾》为梅兰芳早年经常演出的剧目。程砚秋在剧中饰柳迎春,其唱腔、说白、表情无不追步梅兰芳。当日戏毕,众多论者就已断定"继梅兰芳而起者自非程砚秋莫属了"。

1921年,程砚秋搭名老生高庆奎的庆兴社,与高庆奎合演《打渔杀家》《抢挑穆天王》等戏,程不只表情学梅兰芳惟妙惟肖,而且口齿清婉,意态隽妙,学梅已臻登堂入室之境,其时一般曲评家称之为"梅兰芳第二"。在历年的组班演出中,程砚秋给广大观众的印象是:"唱功确得(陈)德霖、(王)瑶卿之大体而参以自己之变化,做功得(梅)兰芳之神髓,表情极认真而周到,走式之佳可称独步,彼若专工青衣,则来日方长,造诣未可量也。"(剧评家苏少卿评,据上海《新闻报》)由此可见,尽管程砚秋跟梅兰芳学戏的日子不长,但受益匪浅,终身受用。

第三章

海上秋声

HAISHANG QIUSHENG

两次赴沪演出,声誉卓著,给了程砚秋很大的鼓舞,同时也引起他的思考。他领悟到,艺术贵在独创,而剧目除了要抓人心之外,还须有震聋警世的意义。此后,程砚秋每年都要到上海演出。上海成了他艺术创造和发展的一块福地。

第一节

名声渐起

出师后的程砚秋,在恩公罗瘿公的帮助下,先后拜师梅兰芳和王瑶卿两位师长,学习新的唱腔和舞台表演的技巧,嗓子也得到了休息调养。两年后,他练就了一条"铁嗓子",戏也学会了不少,更重要的是,随着他文化水平的突飞猛进,艺术感悟能力和鉴赏能力大为提高,表演也更为成熟。此时,罗瘿公建议程砚秋,可以尝试着搭班演出,丰富自我的舞台经验。

当时的梨园界,正值青衣缺乏,不少班社都有意邀请程砚秋。他目地性很强地选择了余叔岩先生的中兴社,与余合演了《御碑亭》《打渔杀家》《审头刺汤》等多出"对儿戏"。余叔岩生于1890年,比程砚秋大十四岁。程砚秋早在"春阳友会"借台练艺时,就与余叔岩有过交往,彼此较为熟悉。同时,余叔岩是继谭鑫培之后老生中开宗立派的重要人物,与梅兰芳、杨小楼并称"国剧三杰""三大贤"。其唱法在音韵、声律方面极为讲究,在发声、用气上与程砚秋有相近之处。二人合作,既可相映生辉、彼此帮衬,程砚秋也能从余叔岩身上学到更多唱腔。

余叔岩

说起余叔岩和他的唱腔艺术,可谓是来之不易,一波三折,但终有所成。余叔岩本也是少小成名,他的祖父余三胜是老生"前三鼎甲"之一,他从小受家庭熏陶,十几岁的时候因为扮演儿童角色薛倚哥,被观众誉为"小神童",时有"小小余三胜"之称,红极一时。可惜,余叔岩"倒仓"之后,嗓音失润,以至于无法演出,曾一度脱离舞台。好在他没有就此放弃,而是利用不再演出的时间,苦学谭鑫培的戏,场场不漏,深得谭先生的戏剧的精髓。后来,在友人言菊朋、王庚生的帮助下,余叔岩根据嗓音条件,加强对吐字、行腔、运气等演唱技巧的研究,创立了以清雅醇厚、苍劲刚健为特色的余派唱腔艺术。其留下的"十八张半"唱片,至今听来,仍令人回味无穷。

程砚秋的学戏经历、嗓音条件以及刻苦的精神,与余叔岩都有相似之处,两人相处十分愉快。程砚秋从余叔岩对脑后音、滑擞音的运用及其独特的韵味中,受到启迪,汲取其优长,强化自己的演唱特色。余叔岩对剧中人物的深刻体验和独到处理,更给程砚秋留下了深刻的印象,以致数十年之后,也难以忘怀。

在近两年的时间里,程砚秋边配演、边观摩,余叔岩的艺术,如"润物细无声"的春雨,点点滴滴洒落在程砚秋的心头,潜移默化地影响着他的艺术生涯和人生之旅。据《名伶燕谈录》中记,1919年夏天,陈德霖与梅兰芳曾谈及程砚秋:"兰芳谓德霖曰:'艳秋近日学业大进,昆曲《出塞》《思凡》《惊梦》《闹学》《琴挑》等剧,皆已成熟,而乱弹青衣及刀马旦剧,亦学会甚多,此子极机灵也。'又某君问德霖：'艳秋嗓音究能恢复否？'德霖曰：'它日必能完全恢复，一旦恢复，便不凡矣。'"

1921年，程砚秋与自己的好友吴富琴（旦角演员），又一起搭高庆奎的庆兴社，程正式挂二牌演出。庆兴社由高庆奎挂头牌，管事的老板为赵世兴，从两人的名字中各取一字，故名庆兴社。其他演员还有花脸郝寿臣、侯喜瑞，小生朱素云，武生周瑞安，旦角荣蝶仙，二路老生郭仲衡，三花脸张文斌等。

高庆奎是当时赫赫有名的老生演员，其唱腔高亢嘹亮、流畅自然，善传悲怆激昂之情，创造了有别于谭派风格的"疙瘩腔"，顿挫有致，别具一格。高庆奎还是有名的"万金油"演员，除擅长各派老生剧目外，还能演武生、花脸，并能反串老旦，生旦净挑班者他都能与之配演，故人昵称为"高杂拌"。

程砚秋与之合作，堪称珠联璧合，两人合演大轴，剧目有《汾河湾》《打渔杀家》《奇双会》等。高庆奎嗓音高亢，程砚秋也随其高唱正宫调，足见其用嗓状态甚佳。程砚秋回忆说："这时候，我对于表演上的身段开始注意了。罗先生给我介绍一位武术先生学武术，因为我们舞台上所表现的手眼身步法等基本动作，与武术的动作是很有连带关系的，学了武术，对我演戏上的帮助很大。"

程砚秋《思凡》剧照

挂二牌的程砚秋除了为高庆奎配戏，有时也主演《六月雪》《能仁寺》《贵妃醉酒》《御碑亭》等，作为压轴。能在戏班压轴，说明程砚秋不仅得到了同行们的认可，而且也得到了观众的足够认可。戏班规矩很严，剧目安排的次序都是提前计划的，演员的地位身份也泾渭分明，没人能随意压轴、挑大梁。短短几年，程砚秋从为芙蓉草唱开锣戏，到现在与高庆奎合演大轴戏，说明他在观众中的号召力与日俱增，已渐渐显现出"角儿"的趋势。

值得一提的是，在高庆奎的庆兴社，程砚秋不仅名气渐起，还实验性地演出了新剧。演出京剧新戏，当从梅兰芳说起。辛亥革命之后，社会思潮及风气为之一变，观众的审美需求也有了求新、求异的变化。在"梅党"的支持和帮助下，梅兰芳首先在上海首演时装新戏《孽海波澜》，接着推出《嫦娥奔月》等古装新戏，令观众耳目一新，市场反响超出预料。

在梅兰芳的带动下，梨园界其他名家也纷纷仿效，杨小楼的《楚汉争》，马连良的《白蟒台》，高庆奎的《乐毅伐齐》，郝寿臣的《打曹豹》，尚小云的《风筝误》等新剧一个接一个出台，煞是热闹，赢得了大量票房。

罗瘿公、王瑶卿不甘人后，决心让年轻的程砚秋一试身手。他两人为程砚秋量身定做地推出了新编本戏《龙马姻缘》，这也是由罗瘿公编剧、王瑶卿导演的程氏第一出本戏，首演于1922年3月12日华乐戏园庆兴社日场戏的压轴。《龙马姻缘》一炮打响，在罗瘿公的督促下，程砚秋更加紧了艺术前进的脚步。继之，第二出新剧《梨花记》又复推出，并与名须生王又宸合组"和声社"，更每月有一新戏出笼，仍请王瑶卿先生导演并编腔。

新剧取得了成功，进一步表明了程砚秋的天赋和艺术创新能力。诗人樊樊山特作《审音篇》，称赞程的艺术，篇中如"抗如鹤鸣高天青，坠如花片贴地平。柔如游丝袅春晴，娇如绣床啼玉婴。""第一美质选婳婣，第二慧性知四声。第三苦学十年成，凝神养气渊海渟。"等句，生动、准确描述了这时的程砚秋在舞台上的绰约风姿，艺术地概括了他的艺术品格。

第二节

初次赴沪

在新剧《梨花记》上演成功后,上海丹桂第一舞台老板尤鸿卿派人来北京,邀程砚秋赴沪演出一个月。对于才18岁的程砚秋来说,上海的邀请,既是一个机会,也是一个挑战。

当时,京剧最大的两个市场,一是北京,再就是上海了。相比于京剧传统重镇北京,上海对于京剧演员的考验,尤其具有标准的意义。上海当时是中国最大的商业城市,上海的文化界、新闻界和梨园界,更是大师云集,闯荡"十里洋场"的上海滩,不是一般演员敢于轻易尝试的事情。许多在北京唱红的名角儿,到了上海,却未必能得到观众和市场的认可。

接到邀约,罗瘿公和程砚秋商量去不去,程砚秋对罗瘿公说:"一切都服从老师安排。"师徒两人,都没有必胜的把握,但机会就摆在眼前,怎么办?考虑下来,罗瘿公做了决定——去上海,不管前路多艰辛,也要拜拜大上海这座"大码头"。

罗瘿公的自信不是空穴来风,一是程砚秋已经具备了相当的实力,其声腔虽然还没有达到日后"程派"的成熟度,但已经初具"程腔"的韵味;二是罗瘿公几年前就开始有意识地在江南一带为程砚秋做宣传,他曾南游上海、苏州、无锡、镇江、南京等地,所到之处,与文人好友聚会时,总向他们介绍北方旦行中的后起之秀程砚秋,使不少人未见其人,已知其名,急欲先睹为快。罗瘿公还替程砚秋将照片送给赵君玉、欧阳予倩等南方名旦,作为尚未见面的"见面礼"。罗瘿公的未雨绸缪、广造舆论,使得程砚秋先声夺人,收到了"未成曲调先有情"的效果。

接了邀约,程砚秋、余叔岩、罗瘿公和一众戏班工作人员,做了精心准备,踏上了南下的火车,直奔大上海而去。到上海后,在罗瘿公的陪同下,程砚秋相继拜访了上海文化界的一些知名人士,与康有为、陈散原、袁伯夔、周梅泉、樊樊山、陈叔通、金仲荪、吴昌硕等前辈见面交流。众人都非常喜欢这位梨园新秀,陈叔通还与程砚秋结成终生莫逆的忘年之交。

程砚秋一方面在上海广泛会见各界名人,大造舆论,为未来的演出造势,另一方面他也为演出的具体细节而忐忑不安。这里毕竟是上海,自己又是初来乍到,如何能够得到见多识广、喜新好奇的上海观众的认可,程砚秋和罗瘿公心中都没有底。就在演出马上开始时,戏班却出现了大状况。挂头牌的余叔岩谁也没通知,悄悄买了车票,自己一个人回了北京。

原来,到上海后,余叔岩因为得罪了上海的某位要人,传闻警察要来抓他。余叔岩在上海也是人生地不熟,生怕警察真找上门来,干脆来了个"走为上策",离开上海以摆脱麻烦。余叔岩一走,程砚秋和其他人可就慌了神。本来此次来上海,二牌程砚秋是"趟趟水,试试深浅",头牌余叔岩才是票房的"定海神

程砚秋到上海演出与上海伶界名角合影。前排右起吴富琴、张春彦、程丽秋、郭仲衡、程砚秋、贯大元、王又荃、侯喜瑞、文亮臣、曹二庚；后排右起欧阳予倩、李桂春、夏月珊、常春恒、陈嘉祥，最末李桂芳。

针"，他这一走，剩下一大帮子人可怎么办？

　　心急如焚的罗瘿公赶忙和陈叔通商量，寻找下一步对策。他们一面叫荣蝶仙找人去北京，速速请余叔岩再度来沪，挽救演出，一面询问程砚秋的意见，是否敢于打头牌，以一己之力撑起此次演出。程砚秋其实心里比谁都急，这次来上海对自己是一次难得的良机，这么多人帮着自己到了上海，如今不战而退，那会是一生的遗憾。他果断告诉罗瘿公和陈叔通："来沪演出之事，遇到了麻烦和困难，若是问我，就要顶下去。与其知难而退，不如奋力而上，力争成功。至于有没有把握，看卖座怎么样吧。"

　　看到程砚秋如此坚定的态度，大家很受鼓舞，群情振奋，马上着手即将开始的演出。戏班亦在舞台挂出牌告：余叔岩老板患病，改由程砚秋老板挂头牌，特约谭派老生王又宸助演。10月19日，由程砚秋挂头牌的第一场演出正式开始。前四天，程砚秋连续演出《女起解》《虹霓关》《汾河湾》《玉堂春》四部戏，结果一炮而红,在上海引起了轰动。越来越多的上海人,知道了程砚秋这个名字。尤其是《玉堂春》一剧,程砚秋用独特的演唱技法和表演方式,为观众呈现了一出与众不同、意蕴深远的好戏。

程砚秋在演出《玉堂春》时,以幽咽婉转的唱腔和细腻传神的表情,将苏三的满腹辛酸和悲愤,宣泄得淋漓尽致,使人深深同情这位无辜受害的善良女性。观众拿程砚秋的这部《玉堂春》与之前的相比,表示程砚秋不仅声腔优美,更为重要的是丰富丰满了"苏三"这个角色的舞台形象,完美地表现出了她对爱情的忠贞和对正义的追求。上海的观众是挑剔的,上海的观众也是懂戏的,但在看完程砚秋的几出戏后,有人表示:"玉霜唱过《玉堂春》之后,以后无论何人必不敢在上海再唱。"评价之高,远出意料。

得到市场的初步认可,罗瘿公、陈叔通起初的担心总算消除了。程砚秋的心里,也有了些底。他精神振奋,信心大增,接连公演了他的许多拿手好戏,除了《御碑亭》《思凡》《六月雪》《奇双会》《打渔杀家》《醉酒》《游园惊梦》《红鬃烈马》《穆天王》《辕门斩子》《芦花河》等京剧剧目,他还同上海昆曲第一小生陈凤鸣合演了《游园惊梦》等昆曲,全面展示了他文武、昆乱不挡的功夫。

随着持续受追捧,程砚秋在演出的第三个星期,加入了新戏。戏码照例是罗瘿公和王瑶卿为他量身定做的《梨花记》《龙马姻缘》等独门戏。新戏的演出也获得极大成功,观众看的是如痴如醉,上座爆满。不少戏迷闻讯,特地从附近的苏、杭等地赶来,争睹这"只此一家,别无分店"的演出。康有为为了看《龙马姻缘》,甚至推迟赴杭州的日期,专门多留一天,看了演出后,他认为该剧"冕旒秀发,旌旗飞扬,中夹哀情苦语,有顿挫淋漓之致"。

《梨花记》和《龙马姻缘》只是程砚秋最早编演新戏的尝试,并不成熟,与传统老戏也并无多大区别,只是因为大家第一次看到觉得新鲜,表现出很高的热情。程砚秋也知道这些弊病,在其日后的新戏创作中,着重对新戏的思想性和

程砚秋《战蒲关》剧照

艺术性做了改变。在排演《龙马姻缘》时，有人提议不妨于剧中加些"戏料"以取宠观众，程砚秋则坚持罗、王二师以情带戏的原则，不搞"戏外戏"。他说："我们必须聚精会神地研究剧情、人物、表情、唱腔，演员的唱腔、身段必须符合剧中人物的思想感情，不能只以观众的掌声作为艺术的标准。"

正是这样的严谨与认真，程砚秋为期一个月的上海演出，最终取得圆满成功。俞振飞先生回忆说："砚秋初次来沪演出，立即声名大噪。湘潭袁伯夔大书一联，悬挂在舞台左右：'艳色天下重，秋声海上来。'"谁也没有料到，因为余叔岩出走而临时挂头牌的程砚秋，短短一个月，已是誉满上海滩。

在离沪返京前夕，上海愚园主人甘翰臣为程砚秋等设宴招待，宴席邀请了康有为、吴昌硕、朱古微等上海各界文化名流八十多人，可谓是高朋满座，规模盛大。大家都对程砚秋的整个演出给予了极高评价，对他未来的艺术之路纷纷看好。对于这一切，程砚秋是满怀感恩的，他感谢上海的观众对他的支持，也感谢上海滩给了他一炮而红的机会。在以后的岁月里，程砚秋差不多每年都要到上海演出一段时间，以答谢上海观众的厚爱。不得不说，这其中就包含了对上海首演成功的感念之情。

第三节

美满姻缘

从上海载誉归来后,北京的梨园界和文化界许多人,都来当面向程砚秋表示祝贺。上海的成功,罗瘿公深感欣慰,但他也有担心,唯恐程砚秋会因此而飘飘然,放松了对艺术的追求。罗瘿公对程砚秋说,如今你已是京城第一流的名角儿了,北京、上海,南北两地,都已经证明了自己,下一步完全可以独立挑班、开创大业了。

此时,已是秋天,正当收获的季节。这一年,程砚秋不仅收获了事业上的成功,还收获了美满的爱情和家庭。十九岁的他,与同庚的果素瑛(本名果素英)结婚了。两人的婚姻是传统的父母之命、媒妁之言的老式婚姻,夫妇举案齐眉,至爱至亲,幸福美满地共同生活了35年。结婚后,程砚秋虽然大红大紫，声名显赫，但他一生无二色，尊妻爱子，品德高尚。果素瑛则独自承担起家庭的重任，全力支持丈夫的事业，相夫教子，持家守业，做出很多贡献。二人的婚姻，正如另一位戏剧大师欧阳予倩和刘兰秋这对模范夫妻一样，在戏剧界传为佳话。

与程砚秋不同，果素瑛出身于一个梨园世家，她的父亲是京剧旦角演员果湘林，母亲是京剧名旦余紫云之女余素霞，三舅舅是老生泰斗余叔岩。早在程砚秋刚刚出师，在票房试艺的时候，果湘林就曾经亲眼看到过程砚秋的表演，那时，程砚秋才15岁，但是他的才艺，却给同为唱旦角的果湘林留下了深刻的印象。众人议论间，果还说过"此子将来必大有可为"的话，只是他当时不会想到，有朝一日，这位青年人会成为他的女婿。

程砚秋和妻子果素瑛

这桩婚姻的大媒人，是梅兰芳的夫人王明华女士。在程砚秋刚刚跟着梅兰芳先生学戏的时候，王女士就非常喜欢这位年轻有为的徒弟，觉得他沉稳懂事，勤奋好学，是个难得的好青年。一次偶然的机会，王明华女士在一家机绣缝纫社，认识了同来学手艺的果葵英、果秀瑛两姐妹。这一对姊妹，正是果湘林家的两位千金。果家，对于王明华来说可不陌生。余紫云是梅兰芳的祖父梅巧玲的弟子，按辈分梅兰芳称呼余叔岩"三哥"，如此推论，果秀瑛就得叫梅兰芳夫妇"舅舅、舅妈"。看到果家这一对豆蔻年华的姑娘，王明华心思一动，想到了程砚秋。她觉得两边自己都知根知底，郎才女貌，这应该是一桩合适的姻缘。

回去后，王明华征求程砚秋的意见，得到了"但凭师母做主"的答复，这就算是同意了。王明华挑了个日子，亲自来到果家，说明了来意，只不过，第一次的提亲，是说的老大果葵英。王明华女士的提亲，果家自然放心，满口应承下来。

1920年春，在王明华的安排下，借着给梅兰芳母亲过生日的机会，余素霞带着长女葵英，程砚秋随着母亲，都到梅家祝寿。实际上，一方面是给梅老太太拜寿，一方面也是安排两家相亲。会面后，余素霞回家高兴地对果湘林说："程家的孩子个头儿挺高，眼睛不太大，模样儿还不错。"程家呢，对果家的女儿也没有什么意见。

梅兰芳夫人王明华

双方父母都同意了，按理说这桩亲事就算订了，可是此时，媒人却改了主意。梅夫人王明华因为提亲，先后去了果家几次，她发现果素瑛长得更漂亮，年龄也和程砚秋更相配。王明华又上果家，转而又求二姑娘的亲。果夫人听了，不大高兴，说什么也不让再相看二姑娘了，甚至连亲事也不愿相谈。

眼看着这桩婚事要黄，还是罗瘿公主意多，从照相馆托熟人拿来果家的全家福照片，请程家母子相看。结果，母子二人也更中意果素瑛。程母请托王明华，求梅夫人再去试试。王明华又一次登了果家门，好说歹说，终于算是让果夫人点头答应了。但是，余素霞也提出了条件，她说自家的姑娘年龄小，人又老实，在家没受过委屈，程家哥儿们多，规矩也大，女儿嫁过去，不能一大家子住一起，要独门独户分开过，并且女儿结婚后要在家里管钱管家。这条件倒也在情在理，梅夫人满口应承下来，这门亲事一波三折，总算说成了。

果素瑛

在梅夫人的撮合下，两家商定了定亲的日子，双方于1921年3月7日（旧历正月二十八日）正式订婚。梅兰芳夫人与荣蝶仙夫人代表程家"放小定"，给果家送去定礼——镶嵌镯子、戒指等物，以示郑重。"小定"之后，程砚秋母子从北芦草园迁居到前门外排子胡同二十三号一所不错的四合院，虽不够宽敞气派，但住三口之家，绰绰有余。结婚后，夫妻伴随母亲在这里住了不短的时间，他的早期名作大多酝酿构思于此。

看到果素瑛与程家订了亲，果家的亲戚中有好事者风言风语，以轻蔑的口气向果湘林夫妇进言说："你们两位怎么越来越糊涂呢？程家是什么人家？谁不知他家住过天桥大市，穷得了不得啊！有闺女也不能许给他们，让闺女跟着去受穷！"

余素霞本就不是嫌贫爱富的俗人，她自己当年和果湘林结婚，也是顶着家庭的巨大压力，才嫁给了当时没钱没势的丈夫。果夫人回答道："会给的给儿郎，不会给的给家当。小人儿又忠实又老成，人又用功，有什么给不得的？！"来人见果夫人如此坚决，自己无言答对，只好自讨无趣，悻悻而去。日后，程砚秋成为了一代京剧大师，充分证明了果夫人的远见。

第四节

结婚大典

程砚秋从上海凯旋而归后,成亲大事被提上了日程,经过商议,双方过了"大礼",男方向女方家送去许多礼品,定于四月份正式举办结婚大典。消息传出,京城文化界,尤其是梨园界引起轰动,人们奔走相告,翘首期盼,都希望能有机会一睹这个难得的盛礼。

1923年4月26日,程砚秋和果素瑛的结婚典礼,如期在北京前门外取灯胡同同兴堂饭庄举行。整个饭庄张灯结彩,布置得喜气洋洋。饭店四周挂满了贺喜的祝辞和书画,其中不乏京城著名画家和诗人的大作,赴宴道喜的大多是梨园界的朋友,还有社会名流、作家画家、报社记者等,宾客达五百人之多,将婚礼现场挤得满满的。程父早逝,梅兰

来参加程砚秋婚宴宾客，左起：王蕙芳、陈德霖、王瑶卿、梅兰芳、姚玉芙

芳和罗瘿公以师尊身份主持大礼，一切典礼仪式都按当年盛行的老规矩，隆重热闹。

新郎程砚秋，岳丈果湘林，主持大礼的梅兰芳以及新郎的师父荣蝶仙、王瑶卿，新娘的外祖父余紫云等人，都是唱旦角的，因此在京的旦行名角，几乎倾巢出动，前来贺喜助兴，包括大名鼎鼎的陈德霖、余玉琴、田桂凤、王琴侬、朱幼芬、阎岚秋、朱桂芬、荀慧生、筱翠花、朱琴心、王蕙芳、姚玉芙等悉数到场。当时报刊撰文称之为"自有伶人办喜事以来，真正巨观之名旦大会也"。这真是难得一见的盛景，这些演员平时各自都忙于排戏、演出，难得有些喜庆的聚会，自然说笑逗趣，推杯换盏，热闹非凡。有人喝高兴了，兴之所至，还引吭高歌，献上一曲，简直比唱戏还热闹，真可谓花团锦簇，着实风光了一回。

婚后没几天，程砚秋就恢复了练功学习、登台表演的繁忙生活。罗瘿公对他可谓是"抓得紧"，每日都要抽时间去他的新居看看，督促叮嘱他要抓紧学艺练功。有一段时间，由于剧场签约的问题，程砚秋在家无戏可演，就喜欢上了打麻将。这时的程砚秋收入尚可,手头较为宽裕,一次打麻将,输掉了六百块银元。罗瘿公听说后,很是生气,马上去找程砚秋。恰巧程砚秋外出,罗公当即提笔写了封措词严厉、善意规劝的信,规劝他挣钱不易,并且戏班日常开支和置办戏箱花费很大,必须要精打细算量入为出,要求他为中国的戏曲事业,为了自己的前途立即痛改前非、马上戒赌。程砚秋回家后,看到恩师的信札,惊出一身冷汗,内心又羞又悔,从那以后,他再也没打过麻将,而是将全部精力都放在了学习和表演上。

程砚秋与夫人果素瑛及儿子程永光、程永源

旧社会的梨园行,良莠不齐,风气不正,由于收入较高,许多演员都放松了品德修养,一味追求"酒色财气"的奢靡生活。程砚秋穷苦出身,又少小成名,很早就拥有了金钱和名声。可贵的是,他没有受到周围环境的影响,秉持"正经做人、认真做事"的态度,对待自己严格自律,从不越雷池。他高尚的品德和做人的规矩,在业内是有口皆碑的。

程砚秋是个美男子,身材高大,皮肤白皙,天庭饱满,一双丹凤眼好像会说话一样,顾盼生辉。他平时生活中常穿一套得体合身的灰色西服,举止斯文,状若书生。众人面前,程砚秋话不多,但为人爽朗大度,全无一般青衣旦角私底下那种忸怩做作神态。这样的男人,自然少不了追求者,但他对待婚姻家庭,做到了"一生无二色",对爱情忠贞,对家庭负责,是标准的好丈夫、好父亲。日常生活中的程砚秋庄重严肃,倘有女性在侧,总是眉不轻扬、目不斜视。他常年身处演艺界核心地位，仰慕者众多，疯狂的异性粉丝也不少，但却从未传出过什么绯闻。他曾经立下"不传女弟子"的规矩，即使是男性，他收徒也是看才华不看关系，拒人情于千里之外。

程砚秋成名之前就洁身自好，自律甚严。当年跟着王瑶卿学戏的时候，晚上去王师家，为了避开沿途妓女的骚扰，他宁肯多走一二里路，绕道去王家。这使王瑶卿大为感慨，并时常向他的徒弟讲："不是我夸老四，旦行讲究做戏身份的，真得数他！"

有一回，程砚秋在上海演出期间，当地有两位社交名媛请他吃饭。席间，这两位将程砚秋的座席安排在她们中间，左右包围，殷勤劝酒，极尽撩拨。程砚秋神情庄重，目不斜视，只是吃饭，对这两位女士看也不看。没喝几杯酒，程砚秋借口演出马上开始，要赶回去化妆，匆匆离席而去。两位女士自讨没趣，骂他是个"木头人"。从此，程砚秋得了个"木头人"的称号。

还有一次，上海一位有名的"国花"楚某，仰慕程砚秋的人品和艺术，曾通过正常的手续托人来做媒，甘愿做妾，并将其照片奉上。面对倾城倾国的芳容玉照，程砚秋只是一笑置之，顺手将楚某的照片送给夫人看。果素瑛见丈夫如此坦荡真诚，心里也是暗暗佩服。

果素瑛为人贤淑，性格娴静，正直善良，是典型的贤妻良母。结婚后，她主动承担起操持家务、奉养婆母的担子，程砚秋得贤妻之助，如虎添翼，无后顾之忧，有家庭之乐，更是一门心思投入到排演新戏之中。在以后的家庭生活中，果夫人与丈夫同甘共苦，心心相印，互相扶持，相伴终生。

1958年程砚秋英年早逝后，果素瑛没有消沉，她独自挑起家庭重担，抚育、教育孩子成人。到了晚年，果素瑛不顾年高体弱，积极参与和支持程砚秋舞台艺术的相关研究工作，撰写了程砚秋生平和艺术回忆录，成为研究程派艺术的宝贵资料。

第五节

再赴上海

1923年年初,程砚秋与王又宸合组和声社,阵营相当可观:老生有郭仲衡、刘景然,花脸有郝寿臣、侯喜端,旦角有荣蝶仙、吴富琴,小生有王又荃、金仲仁,丑角有慈瑞泉、曹二庚等。程砚秋在班子中挑大梁,并且负责剧社的主要经营工作,事务繁忙。他虽然是负责人,但对待老一辈的演员非常尊敬,对待年轻演员也十分爱惜,总是协调好各种关系,使得剧社团结和谐,戏班子呈现出蒸蒸日上的好势头。

在和声社,程砚秋的主要精力放在了排演更多新戏上。仅在1923年一年中,就有《红拂传》《花筵赚》《鸳鸯冢》《风流棒》《孔雀屏》五出新剧上演,仍由罗瘿公编剧,王瑶卿导演、编腔。

程砚秋《红拂传》剧照

《红拂传》，1923年3月10日首演于华乐园，程饰张凌华（即红拂），郭仲衡演李靖，侯喜瑞扮张仲坚（即虬髯客）。《花筵赚》，又名《玉镜台》，1923年6月9日首演于华乐园，程饰丫环碧玉，郭仲衡演温峤（太真），吴富琴扮小姐刘芳姿。《鸳鸯冢》，1923年7月14日首演于华乐园，程饰王五姐，王又荃演谢招郎，曹二庚扮张道士，程有唱片行世。《风流棒》，又名《谐趣缘》，1923年8月18日首演于华乐园，程饰李珠英，王又荃演荆瑞草。《孔雀屏》，1923年9月2日首演于华乐园，程饰窦德娟，吴富琴演丫环春鸿，这部戏，程也有唱片行世。

这几部新剧，均由罗瘿公、王瑶卿二人亲自操刀。其中《风流棒》一剧，王瑶卿赞为："在新排各戏里是最好的一出戏。"金悔庐评曰："唱词浅而不俗，念白隽永而多趣。能以昆曲之精华成乱弹之文字，以新奇之情节发挥旧剧之精神，从来乱弹剧本中无此佳作也。"

半年之内推出的这些独家新戏，不仅使新成立的和声社旗开得胜，更使程砚秋在京师梨园界站稳了脚跟，之后他又开始了新的打算，酝酿再次南征。1923年秋，应上海丹桂第一台之约，程砚秋再次赴沪演出。9月18日，也就是程砚秋结婚后的五个月，他与自己的戏班"和声社"一行赴沪，随行演员有王又宸、王又荃、侯喜瑞、郭仲衡、吴富琴、荣蝶仙、曹二庚、文亮臣等。可谓阵容强大，人才济济。果夫人和罗瘿公随行。罗瘿公照例亲自为程砚秋的演出安排一切。

此番再来上海，自然与程砚秋初次赴沪大不一样了。上次临时挑大梁唱红了之后，上海的观众已经熟知并喜欢上了程砚秋，对他的到来翘首期盼。上海的报纸也做足了文章，用很多的版面宣传，介绍了他的戏班和在北京排演新戏的消息。程砚秋抵沪后，为稳妥起见，没有直接上演新戏《红拂传》等，而是沿用传统，照例采用《女起解》《能仁寺》《玉堂春》《御碑亭》《贺后骂殿》等老戏打炮。

演出当晚，程砚秋又是一炮打响，戏虽旧而演唱新，精彩的演出看得观众如痴如醉。这时的程砚秋，表演中"程腔"的味道已经显露无遗，具备了极强烈的个人特色。早在三年前，程砚秋跟随王瑶卿学戏的时候，王已经开始有意识结合程砚秋的资质条件为其度身制戏。在王先生的指导下，程砚秋对自己演出的所有新旧剧目唱腔，从唱法入手细加改良，一方面试用"以腔就字"的新法制曲、改曲，一方面通过深化、细化唱法技巧以丰富唱腔的节奏、旋律色彩。排演时，更由王先生亲自指挥，不厌烦琐，必求精熟。

在王瑶卿的指导下，师徒二人顺应时代审美和艺术进步的趋势，大胆创新，据理合法地研创"程腔"，从而开辟了京剧旦行唱腔全面走向成熟的历史性阶段，完成了京剧旦行唱腔音乐史上的一次承前启后、最具划时代意义的革命。自此，"程腔"出世，独步菊坛。时有剧评家写道："程玉霜虽执贽于梅畹华之门，近且从瑶卿研究新腔，嗓音固较前为佳，而唱功神情亦较前进步，腔调甚为新颖，极抑扬抗坠顿挫之能，柔和婉转之制。自始至终，无一败笔，实为难能可贵也。"

打炮戏大获成功，尤其是《贺后骂殿》一戏中，其中的"有本后在金殿一声高骂"等唱段，不胫而走，很快在戏迷中传唱开来。这部戏从那以后几乎成为程砚秋的独门剧目，传唱不衰，流传至今。几天后，程砚秋的新戏出台，上海的观众又掀起了一场观赏的狂

程砚秋《贺后骂殿》剧照

潮。

　　首演《鸳鸯冢》,丹桂第一台三层楼被挤得无立足之地,台下加凳直至入场门口,舞台两侧竟破例卖了两百多张票。演出中,全场几千观众被剧情深深打动,屏息凝神,竟忘了叫好,常常是一曲唱罢了之后,观众从沉醉中醒悟过来,立即爆发出雷鸣般的掌声。程砚秋有意识地将他一年中排的新戏在上海作一次展览演出,《花舫缘》《花筵赚》《风流棒》《孔雀屏》等一一亮相。这些新剧中新腔迭出,脍炙人口,观众边听边学,纷纷索要唱词,于是便在节目单上附上唱词,开了京剧史上的先例。

　　到了《红拂传》公演,二次赴沪的程砚秋,迎来了演出的最高潮。首演当晚,先施唱片公司制作了一副巨大的对联:艳色天下重,秋声海上来。对联二尺宽、八尺长,以红缎为底、黑绒剪字,悬挂于舞台两侧,气势恢宏。剧场全场无一空位,连站票也十分抢手。舞台上的花篮不下五六十个。戏院门口,汽车二百余辆,马车则不计其数了。当晚到场的仅日本驻沪领事和日本朋友,就有六十多人。泸上大小报社倾巢出动,派出记者全程报道此次盛况,就连英文报纸《大陆报》女主笔也对程进行了采访,另一份英文报纸《字林西报》的总编辑还亲自撰写剧评,上海影响最大的《申报》,也于10月13日、10月16日、10月23日连续做了三期跟踪报道。新闻媒体表现出极大的热情,间接推动了程砚秋在上海的爆红。

　　在沪期间,程砚秋还同俞振飞合作演出了昆曲《游园惊梦》,同样引起轰动,成为此次演出的一件盛事。俞振飞之父俞粟庐为南昆名宿,他自幼跟着父亲学昆曲,十四岁可登台演出,工小生,后又从沈月泉深造。俞家为江南望族,俞振飞学表演

程砚秋、俞振飞《游园惊梦》剧照

纯属业余爱好，虽为票友，技艺却不凡。上海演出期间，两人珠联璧合，共同上演昆曲经典《游园惊梦》，程砚秋饰演杜丽娘，俞振飞饰演柳梦梅，二人的配合相得益彰，受到观众的好评和追捧。

此次合作后，程砚秋和俞振飞惺惺相惜，互相仰慕，都被对方的精湛技艺所折服。俞比程大两岁，两人正是风华正茂之际，从此订交，成为知己。此后，程每次来沪，必邀俞振飞客串合演。以后程砚秋又多次邀请俞振飞到北京与自己合作，正式下海。俞振飞总以父命在身不会应允为辞婉谢。1930年，俞振飞父亲俞粟庐先生辞世后，经程砚秋再三邀请，俞振飞辞去暨南大学讲师职务，于1931年到北京，拜在程继先门下，学京剧小生，与程砚秋合作，排演不少新戏，直至抗战爆发，才被迫分手。二人在合作过程中，为观众奉献了许多经典的演出，是当时公认的最佳搭档。

程砚秋此次来沪，自9月27日起，至11月18日，共演戏七十次，三十四出，程砚秋自打炮以来，每日茶会、堂会，剧场演出几乎占满了所有的时间，真可谓无一息之闲，也无一丝之暇，人极劳累。但他依旧是容颜光泽，嗓音穿云裂石。对此，罗瘿公喜于心也惊于心，欣慰且忧虑地对他说："你此行红得可惊，也遭人嫉恨。有些人正意欲挑拨梅先生与你之间的师生情谊呢。"

罗公的提醒很及时，此时的程砚秋真可谓如日中天，其声势直追梨园旦角的代表人物梅兰芳先生。程与梅乃师生关系，但在演出市场上，却存在天然的竞争。尤其在上海，程砚秋的表演深得观众喜爱，极受追捧。但梅兰芳先生却并没有像谣言说的那样，他很高兴看到程在上海的成功。这年冬天，程砚秋圆满结束上海之行，又一次凯旋而归，梅兰芳还亲自到车站迎接，向程砚秋表示祝贺。

程砚秋《红拂传》剧照

第四章

程派大成

CHENGPAI DACHENG

程砚秋将他的一生都奉献给了京剧事业，他在京剧艺术上所取得的卓越成就是无可替代的财富和宝库。程派艺术，不仅对京剧旦角，同时也对整个京剧甚至传统戏曲的发展都有着深远的影响。

第一节

痛失恩师

　　程砚秋第二次上海演出再获成功，进一步奠定了他在梨园旦角界中的地位，也证明了他在"程腔"艺术探索上的成功。但是，回京后的程砚秋，却高兴不起来，因为，他尊敬的老师罗瘿公生病了，并且病得不轻。

　　在上海演出期间，罗瘿公事无巨细，为程砚秋的演出劳心费力，事事亲为。罗有肝病，上海之行，他四处奔波，不得休息，终于病倒了。此时，程砚秋的演出正是关键时刻，罗瘿公怕影响戏班的演出，勉力强撑。即使在病中，他仍时刻牵挂演出，有时还不顾劝阻，坚持进剧场，观察观众的反应，为下一步改进剧本做准备。程砚秋则尽心伺候，不管每天排练、演出、应酬多忙，他总要到师父的病床前亲自问候，端茶送药，百般安慰，殷勤侍奉。

回到北京后，肝病越发严重，此时的罗瘿公，似乎知道自己的病势不好，他抓紧时间处理手头的几部新剧的剧本，还拜托挚友金仲荪接替自己，继续为程砚秋写戏，全力辅佐程砚秋。面对知己的恳求和重托，金仲荪爽快地接下了这一重担。程砚秋不惜重金，送恩师住进德国医院诊疗，每日亲侍饮食，从无间断。9月23日，罗瘿公因肝病恶化溘然长逝，时年五十二岁。自帮助程砚秋十三岁提前出师后，罗瘿公尽心尽力全力扶植程砚秋七年，鞠躬尽瘁，留下十二个剧本和为人处世的诸种美德，撒手而去了。

罗瘿公去世的时候，亲属并不在身边，程砚秋是第一个赶到的。当他看到恩师的遗体，手捧着老师去世前留下的几张遗嘱，号啕大哭，几至昏死。罗瘿公的去世，是程砚秋在艺术上的巨大损失，也使程砚秋失去了一位良师益友。没有谁能代替罗瘿公在程砚秋心中的位置。

罗瘿公一生著述甚丰、涉猎颇广，除为程砚秋写的十几个剧本，为梅兰芳写的《西施》外，更有诗集《瘿庵诗集》传世，人称他为"诗伯"，他自己也以诗人自居。罗瘿公还擅长书法，在《鲁迅全集》中，就有"写字找罗瘿公，写诗找黄晦闻"的说法，堪称为一代学者、诗人、剧作家、书法家，有着多方面的成就。

罗瘿公创作的剧本

罗瘿公一生，两袖清风，人品高尚。三年后，年仅二十三岁的程砚秋与老师梅兰芳并列为四大名旦。时人评说，"梅兰芳柔媚似妇人，程砚秋则恂恂如书生。"如此形容，多指程砚秋受罗瘿公熏陶，气质自化。再后，日寇攻占北平，程砚秋断然说出："宁死枪下，也不为日本人唱戏"，毅然归隐西山，务农自遣。后人由此感叹，在这个有着"冰雪之操"的艺人身上，仍保留着文人罗瘿公的风骨。程夫人果素瑛也回忆："除了演戏，在怎样做人方面，罗瘿公对程砚秋的要求也是严格的"。罗瘿公无私无顾地把全部心血用在程砚秋身上,培养出一个艺足以闻世、德足以照人的大艺术家。可以说,没有罗瘿公,也不会有程砚秋!罗瘿公的名字将永远同中国京剧艺术大师程砚秋联系在一起。

临终前不久,罗瘿公强撑病体,自书了一份遗嘱,并让家人影印三百份,分送世交友好。这份遗嘱的内容,也可以看出其为人及性格,其遗嘱曰:"讣告式云:显考罗公瘿公,悼于中华民国某年月日,疾终某处,不喜科名,官职前清已取消,述之无谓也。民国未入仕,未受过荣典,但为民而已。如公府秘书、国务院参议上行走,及顾问、咨议之类,但为拿钱机关,提之汗颜,不可陈及。殓葬式:殓用僧衣最适宜,清封不适用,民国制服所不喜,今生不能成佛生(升)天,期之来生耳。碑文式:'诗人罗瘿公之墓。'最好请陈伯严先生书之,不得称'清诗人',盖久已为民国之民矣。平生文词,皆不足示人。惟诗略有一日之长,可请刚甫定正印送,以为纪念,亦不亟亟,以精美为主。哀启不必附送,无可足言也。前诗及此数纸可印送。程君艳秋义心至性,照掩古人,慨然任吾身后事,极周备,将来震、艮两子善为报答。甲子八月初四日晨,罗瘿公倚枕书。'盖极支离矣,墓地能得香山最佳,恐办不到,否则西山平近处,多显者别业,亦适宜也。八月十八日夜,瘿公书。'"

罗瘿公去世后,程砚秋亲自为其设立灵堂,除朝夕哭奠,唯伏案抄写经书。罗瘿公是个清贫的文人,自女亡妻狂,已是每况愈下,经济拮据,以卖字鬻文为生。其临终之时,几无分文。故而罗瘿公丧事所用祭奠、棺木、墓地之费都是程砚秋一手经办。加上程为恩师在德国医院的治疗费,几达万元,但程砚秋毫无怨言。出殡那天,程砚秋身服重孝,抚棺痛哭。灵堂内,挂满了挽联、挽诗。程砚秋也写了挽联,充分表达了凝聚在师生之间的深厚友谊,抒发了痛失良师的不尽悲哀,真诚地袒露了程砚秋的肺腑之言:"当年孤子飘零,畴实生成,岂惟末艺微名,胥公所赐;从此长城失恃,自伤孺弱,每念篝灯制曲,无泪可挥。"

罗瘿公的遗嘱里,流露出身后最好安葬于京西香山、西山一带的意思。程砚秋遵罗嘱，在京西万花山四平台购建墓地，厚葬罗瘿公。在安葬了罗瘿公后，程砚秋留了这样动人的诗句：明月似诗魂，见月不见人。回想伤心语，时时泪沾襟！西山虽在望，独坐叹良辰。供影亲奠酒，聊以尽我心。恩义实难忘，对月倍伤神。

此后，每逢春秋祭日、外出行前和归来，程必祭扫罗墓，重温罗公教诲，以激励检点自己，二十余年从未疏懒。1943年4月5日，程砚秋携二子永源和永江，为罗瘿公扫墓。三人于早八时从西直门乘火车至黄村下车，步行三里始抵墓地四平台幻住园。他见墓地松木牌坊上的铁钉被拔去很多，异常伤感："光景蹉跎，人物消磨。昔日西湖，今日南柯。"回到家中，他在日记里提笔写道："有两家人代为看坟者在，尚且如此。再过数年，我不在了，无人祭扫，想此处定变成荒冢了。"

程砚秋在罗瘿公墓前

后来，为彻底完成恩师的心愿，程砚秋趁南去演出之际，专程去西子湖畔访谒散原老人陈三立先生，乞得老人书"诗人罗瘿公之墓"七字碑文，并奉上润笔五百元。老人感其风义，坚辞不受，并赋诗相赠程砚秋，表达对程的敬佩："湖曲犹留病起身，日飘咳唾杂流尘。斯须培我凌云气，屋底初看绝代人。绝耳秦青暗断肠，故人题品费思量。终存风谊全生死，为放西山涕数行。"

程砚秋这些义举和诗文传出之后，四海赞扬，称之为"义伶"。康有为更有诗赞曰："落井至交甘下石，反颜同室倒操戈；近人翻覆闻犹畏，为汝怀恩见岂多。惊梦前程思玉茗，抚琴感泪听云和，万金报德持丧服，将相如惭菊部何！"

在以后的岁月里，程砚秋时时怀念起罗瘿公对自己的帮助，不断向家属子女讲述罗瘿公对自己的教诲相助深恩："我程某人能有今日，罗师当推首功！""这样品格高尚又极有才能的好人，在中国太难得了，不能忘记他的巨大贡献。"

第二节

独树一帜

罗瘿公去世后,程砚秋好长时间都无法从悲伤和失落中走出来。他才刚刚二十岁,以前有恩师的扶持帮助,自己只管演戏,其他诸事不管。如今,师生阴阳两隔,再没了依靠,他得自己挑担子,自己拿主意。坚强的程砚秋没有一直消沉下去,也没有在成功的"底子"上吃老本,他不顾周围那些幸灾乐祸和嫉妒的杂音,顶住各种压力,改组戏班为鸣和社,并推出了第一次由自己导演、编腔的新剧《碧玉簪》。这开拓了他艺术之路的新方向,也为"程派"的最终形成开了个好头。

多年后,回忆起这段特殊又关键的经历,他无限深情地说:"我感觉到罗先生故去了,的确是我很大的损失。可是他几年来对我的帮助与指导，的确已然把我领上了真正的艺术境界，特别是罗先生帮助我找到了自己的艺术个性，使我找到了应当发展的道路，这对我一生的艺术发展上，是一件莫大的帮助。为了纪念罗先生，我只有继续学习，努力钻研业务，使自己真的不至于垮下来。"

程砚秋很幸运，他早期有罗瘿公的无私帮助，后期又得到了金仲荪、袁伯夔、周梅泉、樊樊山、陈叔通、李石等人的鼎力支持，尤其是金仲荪，他是"程派"大成的一大功臣。金仲荪原名兆棪，青年时期就读于京师大学堂，为首届学生。毕业后，金仲荪从事教育工作，曾任中华戏曲音乐院南京分院副院长，《剧学月刊》主编。辛亥革命后，入选民国参议员，后因反对曹锟贿选总统一事受到打击。金仲荪不愿与权贵同流合污，辞职而去，从此再也不涉足政治。离开政界后，他自号悔庐，纵情诗酒，出入戏园，将精力集中在戏剧教育和剧本写作上。

罗瘿公与程砚秋、吴富琴、齐如山、许伯明（从左至右）合影

在金仲荪的身上，有着和罗瘿公相似的经历和兴趣，二人相识后，成为艺术上的知己，平时来往甚多，关系甚好。罗得病后，专门委托金，希望他日后能够代替自己辅佐程砚秋，完成未尽的"程派"大业。金仲荪虽然闲云野鹤、逍遥自在惯了，但他也非常敬佩程砚秋的人品和艺术，答应了老友所托，接着为程砚秋写戏。程与金两人合作多年，也成为亲密的艺术伙伴，并一起创办和主持了中华戏曲专科学校。像对待自己的恩师罗瘿公那样，程砚秋对金仲荪也十分尊重，视之为良师益友。

从1924年开始，到1933年的近十年里，金仲荪转为程砚秋写剧本。由《碧玉簪》开始，连续为程砚秋写了十多出戏，在程砚秋随后的戏班发展过程中，金仲荪也一直负责统筹编剧事宜，为最后秋声社的形成做出了巨大的贡献。当然，由于其还主持中华戏校、戏曲研究所和《剧学月刊》常务，势难分身，遂先后延聘杜颖陶、陈墨香，特别是翁偶虹先生参与新剧的编撰工作。

金仲荪为程砚秋写的第一出戏是《碧玉簪》，此剧本为江南地方戏曲剧种常演的剧目，其中"三盖衣"一折，更是脍炙人口。金仲荪原籍浙江，曾任金华中学校长，从小对家乡戏耳闻目睹，十分熟悉，对此剧尤为喜爱，故将它改编为京剧。另外，金与程是初次合作，金仲荪尽管素负诗名，但毕竟是头一次写戏，故而选择一个他比较熟悉、比较有把握的戏进行改编，以期旗开得胜，一举成功。

《碧玉簪》的剧本情节跌宕，描写了明代礼部尚书之女玉贞，许配于同乡赵启贤。由于玉贞的表兄陆少庄求婚被拒，故设计陷害玉贞，使得赵启贤洞房之夜时误以为玉贞失节，一怒离开洞房，从此与玉贞不和。玉贞抱病回娘家，其父亲去赵府质问，真相始得大白。陆少庄畏罪而死，赵启贤向玉贞认错赔礼，夫妻言归于好。

剧本写好后，程砚秋看了几遍，觉得很不错，认为观众应该会喜欢。他拿着本子找到王瑶卿，请王提意见。王瑶卿看后，却认为由地方戏改编的剧本登不了大雅之堂，不值得排演，并让程就此罢手，不要再在这一剧本上下功夫。程砚秋心里隐隐明白，王师如此斩钉截铁地否定了这部剧本，一是看不上地方戏，认为地方戏曲无法与京剧相提并论，二是因为他久与罗瘿公合作，现在突然换了作者，心里有些意见。程砚秋回来后，还是决定排演《碧玉簪》，既然王瑶卿不愿意帮忙，那他就自己来。多年的舞台表演经验，加上罗瘿公和王瑶卿几年来的耐心教诲，程砚秋对新剧的以腔就字的制曲方法很有自信，他心情复杂地对果素瑛说："这回需要另起炉灶了！"

接下来的一个多月，为了设计《碧玉簪》的唱腔，程砚秋在书房里闭关独守，一字一句地安排腔调，不时低声吟唱，觉得不合适的，就反复修改。在安腔的同时,考虑身段动作和场面调度,一切都是按照上台表演的标准精心准备。到了年底,这部由程砚秋自己独立完成的《碧玉簪》终于上演了。此剧的演出获得了成功,这使不少等着看笑话的人改变了看法,对程砚秋不得不服。王瑶卿看了演出以后也由衷地夸奖徒弟:"程老四真行!"经过这次波折,师徒二人之间又进一步加深了理解,从此程砚秋再排新戏,王瑶卿就让他放心大胆地自己设计唱腔和动作,而程砚秋有了初步的设想后,再去向王先生请教,让王老加以审改,使之更臻完美。

正如两年前赴沪演出因余叔岩临时缺席,无形中给了程砚秋挂头牌的机遇一样,这次王瑶卿又无意中给了程砚秋一次机遇,使他在音乐设计和创腔艺术上显示出非凡的才华。从此程砚秋将音乐设计和演唱集于一身,将程腔艺术一步步推向灿烂辉煌。

《碧玉簪》取得了成功,金仲荪也非常高兴,他也因此建立了更大的自信和创作动力。自1924年秋天答应罗瘿公托付,到1927年的三年间,金帮助程砚秋相继上演了《聂隐娘》《梅妃》《沈云英》《文姬归汉》《斟情记》《朱痕记》等六出新剧,造诣更深,艺术声望日高。

对于程砚秋京剧艺术的进步,业界有目共睹。上海《新闻报》遁公撰文曰:"艳秋崛起,承王、梅之后而集其大成,清歌则效法于王,而研腔练调创为新声。妙舞则取法于梅,而错综变化不拘一格。以三人之地位论,王开其端,梅臻其盛,程集其成;以三人之时代论,王为过去,梅为现在,程为未来。未来者,尤不可限量。"苏少卿评曰:"其嗓子并不得谓绝佳,然其唱功善用嗓子,韵味沉着,用音灵活,不飘不滞,得力于功夫研练。做工得兰芳之神髓,妩媚不及,由天赋不同,表情极认真而周到,走式之佳可称独步,俏丽大方兼而有之,亦融合瑶卿、兰芳之长者,手足地位配合极有研究,且有美之价值。艳秋身材颀长而不为病,手足善动之功也。总而言之,艳秋工力为后起之佼佼者。"

第三节

十年"鸣和"

1924年8月8日,程砚秋改组和声社为鸣盛社,社长为其岳父果湘林。鸣盛社的班底有李洪春、曹二庚、慈瑞泉、文亮臣、张春彦、侯喜瑞、王又荃、吴富琴等原和声社老伙伴。王瑶卿先生则退出,搭入尚小云、谭富英的重庆社。鸣盛社常年在北京三庆戏院演出,程砚秋挂头牌自兼编导和唱腔身段设计。

鸣盛社运营一年后,果湘林由于身体状况不佳,程砚秋决定自行出面组班。1925年8月,程砚秋特聘梁华亭先生任社长,经理内外社务,改组鸣盛社为鸣和社,班底成员有郝寿臣、侯喜瑞、曹二庚、慈瑞泉、郭仲衡、文亮臣、金仲仁、王又荃、周瑞安、李洪春、张春彦、董俊峰、李多奎等原和声社老伙伴。金仲荪任编剧。鸣和社组成后，一直坚持了十多年，直到 1937 年 4 月，程砚秋组秋声社。鸣和社的十年，是程砚秋艺术大成的十年，也是程派最终确立并风靡南北的十年。

由《碧玉簪》开始，金仲荪接过了罗瘿公的重任，连续为程砚秋写了十多出戏，其中影响较大的有：1925 年的《聂隐娘》《梅妃》《沈云英》，1926 年的《文姬归汉》《斟情记》，1927 年整理改编的老戏《朱痕记》《柳迎春》，1930 年的《荒山泪》，1931 年的《春闺梦》。其中尤以《文姬归汉》最为出色，被称为京剧艺术史上最伟大的作品之一。而《荒山泪》也是程派艺术的悲剧经典剧目。

《文姬归汉》取材于历史真实事件，讲述的是东汉末年南匈奴发动战争侵入中原，中郎蔡邕之女蔡琰（文姬）逃难，为匈奴左贤王劫掳，纳为妃，生二子。十二年后，汉相曹操接鸿雁传书，得知文姬之事，令周近持厚礼出使南匈奴，赎文姬归汉。文姬与二子诀别，又哭拜昭君之墓，随周回汉。这出戏是程砚秋的一出著名的唱工戏，全剧唱腔精致，唱工极重，难度极高。程砚秋举重若轻，以高超的演唱和表演手段，丝丝入扣，循序渐进，不断将全剧故事推向高潮，令观众大呼过瘾。在剧中，程砚秋还将蔡文姬所作《胡笳十八拍》中的十四拍，按原词谱曲，长短句一字不易，突破京剧唱词基本为"七字句"或"十字句"的惯例，在声腔上颇多创造，为以京剧旋律演唱古典诗词开了个好头。

值得一提的是，此前的曹操在京剧舞台上都是以白面奸臣的反面形象出现，而在此剧中，侯喜瑞扮演的曹操却以正面形象出现，他救助故人之女自异邦回国，让她续写《汉书》，做了一件正义的好事。这一新的形

程砚秋《梅妃》剧照

象改变，也得到了观众的认可。

《文姬归汉》与《红拂传》《梅妃》并列为程氏早期的三大名剧，由于此剧对文姬一角的着重渲染，对演员的体力和精力都有着极高要求，不仅累身，更是累心，因此不轻易露演，基本上每年只演一次，多在年终封箱时才演出。故此一旦上演，观众总是千方百计买票，争相一睹为快。

随着程砚秋艺术思想的提高，以及对社会时局认识的加深，他开始在舞台上有意识地表现与之前不同的舞台形象。正如事后他所回忆的："……后来交往渐广，朋友中不乏具有革命思想的人，我渐渐受了感染，从消极中生长出一线希望，从而开始向兄弟戏剧艺术学习，编演一些社会问题的戏剧，发泄个人胸中的不平和愤懑，这样才演出了《春闺梦》《荒山泪》等剧目。"

20世纪二三十年代，中国政局动荡不已，军阀割据，民众陷入水深火热之中。1931年"九·一八"事变之后，日本侵略者又侵占东北，灭亡中国之心昭然若揭。面对此种形式，程砚秋有感于民众的苦痛、对政府的腐朽及各级官吏的腐败，以"苛政猛于虎"为题，决定创编一部新剧，以抒发胸中块垒。这就是《荒山泪》故事的大背景。

《荒山泪》中的人物和事件均为虚构，时代背景为明末，河南济源县农民高良敏为交纳税款，带着儿子高忠上王屋山采药，不幸被猛虎吞食，妻子闻噩耗惊痛而亡，孙儿宝琏又被官兵拉去充当夫役。一家五口，只剩下儿媳张慧珠孑然一身，但仍要交税，逼得她逃奔深山，差役仍跟踪而至。张慧珠悲愤至极，自刎而死。作者金仲荪曾以诗言志："赤地中原正苦兵，惜无乐府为传声；一

《荒山泪》程砚秋饰演张慧珠

家哭已平常事,眼底人余虎口生。"

在剧中,程砚秋饰演张慧珠,除了唱之外,本剧的念白也极考验演员。程砚秋准确把握了角色在特定情境之下的内在感情,将念白的轻重缓急和抑扬顿挫发挥到了极致,真是言为心声,情溢言表,使得人物真实丰满,栩栩如生。在"抢子"一场中,眼看幼子就要被抓去当差,在这千钧一发危急关头,程砚秋以快速的步法和"冲"的水袖动作扑前抢夺,继而保护宝琏。在这过程中,有个敏捷的转身,随着形体的转动,水袖亦跟着飘然起舞,上下翻飞,再以双袖翻抖、探身前扑去搂抱琏儿,在紧锣密鼓中形成一个急促的亮相,充分表现出母亲护犊的天性以及绝望、无奈的悲愤,将全剧情绪推向高潮。

程砚秋在演出此剧时,为了表示张慧珠一贫如洗、衣衫褴褛,还首创了"女富贵衣"。这是为了更真实地塑造人物,在扮相、服装上作了细心考究,进行创造革新。《荒山泪》是程派剧目中的一颗明珠,经历了时间的考验,有着长久的艺术魅力。1957年,程砚秋又与导演吴祖光合作,对剧本进行整理,并由北京电影制片厂拍成彩色影片,这也是程砚秋一生拍摄的唯一影片,弥足珍贵。

堪称《荒山泪》姐妹篇的是《春闺梦》,这是程砚秋的又一代表作。亦如《荒山泪》是根据"苛政猛于虎"而敷衍出的故事一样,《春闺梦》是根据唐代诗人杜甫的《新婚别》及陈陶的诗

程砚秋、俞振飞《春闺梦》剧照

《陇西行》的意境而编写的。陈诗云:"誓扫匈奴不顾身,五千貂锦丧胡尘。可怜无定河边骨,犹是春闺梦里人。"

诗中写的是汉与匈奴之间的民族斗争,地点在西北地区的无定河,而剧本假托汉末公孙瓒与刘虞互争权位,发动内战,河北人民饱受战乱之苦。壮士王恢新婚不久,被强征入伍,阵前中箭而亡。妻子张氏在家日夜盼望,不觉积思成梦。梦中王恢归来,正待团聚,忽闻战鼓惊天,乱兵涌来,眼前血肉模糊,吓得她蓦地惊醒,才知是一场梦。

《春闺梦》的角色搭配十分整齐,场面穿插颇具匠心。唱腔中揉进了哭声、叹声、恨声、怨声,真是字字血、声声泪,展示出狼烟四起,生灵涂炭、尸横遍野的悲惨情景,暴露了战争"寡人妻、孤人子、独人父母"的罪恶,对战争的发动者进行控诉和诅咒,反映了人民群众对军阀混战的极度厌恶。这在当时很有针砭现实的意义。

《荒山泪》和《春闺梦》震动了保守、沉闷的北平剧坛,剧中的新思想、新思维和新表达,尤其受到高级知识分子和青年学生的喜爱。他们从中看到了针砭时弊的良苦用心,也看到了程派艺术的志向高远。关心国家兴亡、人民疾苦的爱国正直人士和知识分子,从剧情中得到共鸣。由此,程派艺术更上层楼,程之声名也更盛。

第四节

任重道远

可以说,在那个时代,《荒山泪》和《春闺梦》的横空出世,既是时代的需求,也是程砚秋思想转变的产物。它们不仅是程派剧目中的双绝,而且在京剧史上也占有重要地位。这一时期,程派艺术的种子,已在广大观众的心田中扎根发芽。对此,程砚秋并未盲目满足、沾沾自喜,他正在从实践上升为理论,检阅自己,不断进行理性思考。

《荒山泪》和《春闺梦》,与《斟情记》《朱痕记》等剧相比,形成了一个思想急转的趋势。程砚秋出身贫苦,刚正不阿,性格质朴耿直。他出师后,在罗瘿公的教导和影响下,一直比较注重戏剧的社会意义,对演戏的意义,也超乎一般艺人的认识。他日后在《我之戏剧观》中谈道:"我演一个剧,第一

程砚秋《朱痕记》剧照

要自己懂得这个剧的意义，第二要明白观众对于这个剧的感情。我们除靠演戏换取生活维持费之外，还对社会负有劝善惩恶的责任。所以我们演一个剧就应当明了演这一个剧的意义。算起总账来，就是演任何剧都要含有提高人类生活水平的意义。如果我们演的剧没有这种高尚的意义，就宁可另找吃饭穿衣的路，也决不靠演玩艺儿给人家开心取乐。"

程砚秋在谈到促成自我思想转变的原因时说："我的个人剧本，历来只讨论的社会问题，到此则具体地提出政治主张来了，所以就形成一个思想急转势。""发现了以前的幼稚盲昧，才能决定今后的改弦更张，这是自己督促自己进步，所以很有必要。""期待着社会力量的督促，使我能够'任重致远'！这是我自己检阅之后的新生期望"！

鸣和社的十年，使得程砚秋将丰富的实践经验上升到理性高度，进行深入思考，对戏剧与人生、戏剧与现实、思想与艺术、演员与观众等有关戏剧的根本问题，有了相当清醒的认识。这说明他的人生观、艺术观、戏剧观已趋向成熟。无论从演出实践还是理论修养方面看，程砚秋无疑站在同辈演员的前列。不到三十岁的程砚秋，在舞台上、在观众心中、在舆论界、在京剧发展的坐标上，已经"立"起来了。

1927年，在《顺天时报》举办的中国首届旦角名伶竞选中，23岁的程砚秋与梅兰芳、尚小云、荀慧生一道荣膺"四大名旦"称号。此后，《荒山泪》和《春闺梦》的风靡全国，标志着"程派"作为京剧史上的一种流派，正式得到了业内和观众的认可。京剧流派指不同的艺术风格,特别是唱腔,也就是指流派创始人在他们的唱腔和表演中、在他们所独创的剧目中、在他们所塑造的一系列人物中,所体现出来的不同的艺术个性和鲜明风格,如梅兰芳的端庄华贵,擅绘宫廷贵妇、大家闺秀;程砚秋的幽咽凝重,长于扮演身遭不幸而坚韧不屈、反抗到底的悲剧女性;荀慧生的活泼俏媚,演小家碧玉、民间妇女最为拿手;尚小云的刚健婀娜,扮演巾帼英雄、侠义烈妇格外生辉。

各个流派各有不同,他们都以其独特的音调、色彩和个性,给观众以不同的审美享受,从而得到观众的承认、同行的赞许和后学的模仿,在社会上产生广泛的影响。其中特别是由于后学者的师承、学习、模仿和发展,使得流派创始人的艺术,得以推广开来,流传下去,从而形成流派艺术。有的艺术家尽管也有鲜明的艺术风格,但不一定有继承者和模仿者,因而难以形成流派。因此可以说,京剧流派实际上是指流派创始人所苦心孤诣地创造的一种艺术风格,同一流派的人要以这种风格为标志,师承和模仿这种风格。如果在学习和继承的基础上,结合时代的需求和自身的条件,形成一种新的风格,则有可能产生新的流派。如四大名旦都虽受益于王瑶卿,结果产生了不同的流派。同样,从谭(鑫培)派中,又分流出了余(叔岩)派、马(连良)派、言(菊朋)派等等。

京剧流派的形成,需要主观和客观的诸多条件。从客观上讲,如艺术发展的积累、时代的风向、特定人文环境的浸润、观众审美需求等等;从主观上讲,艺术家本人的天赋、才华、功力、修养、所长,创作集体的密切合作,艺术传人的物色和培养等等,都不可或缺。流派是诸多因素合力的结果,不是空穴来风,也不是自我标榜,而是实自名归,为社会所承认。

流派创始人都是具有革新精神的艺术家,程砚秋善于向京剧同行和地方戏曲学习,将姊妹艺术的精髓融入自我,同时坚持革新和创造,在服饰、扮相、音乐、伴奏上进行变革。最关键的是,程派创演了一批能体现自己独特风格的剧目:《红拂传》《鸳鸯冢》《文姬归汉》《青霜剑》《荒山泪》《春闺梦》《锁麟囊》,都承载了程砚秋在舞台上的风采，体现出程派独特的风格。因此可以说，是否磨砺出一批代表剧目，是衡量一种流派是否成熟的最重要的标尺。

同业、同行人员之间的艺术竞争，对流派的形成往往能起到促进和催化作用。当时挂头牌的主演和"角儿"，总要不断进行革新创造，在艺术上争妍斗胜、各显神通，力求以新颖、独特的艺术成果争取观众，从而在激烈的竞争中站住脚跟，乃至立于不败之地。在这场艺术竞争中，年纪最小的程砚秋，锋芒毕露，奋起直追，勇于开拓，在而立之年，已创立了风靡南北的程派艺术。尽管在以后的岁月里，程砚秋继续排演了《亡蜀鉴》《锁麟囊》《女儿心》《英台抗婚》等新戏，以及不断锤炼一批老戏，使程派艺术得到进一步的发展和完善，但程派艺术的基础或雏形，在20年代末、30年代初已奠定和确立，这是毫无疑问的。

程砚秋、李丹林《英台抗婚》剧照

提到程派，首先容易想到程腔，这是因为程砚秋在声腔艺术上的成就，在旦行中可以说是首屈一指的。程砚秋在气口、吐字、口劲上苦苦探求，以腔就字，形成迂回曲折、若断若续的特殊唱法，极尽抑扬顿挫之能事。程腔外柔而内刚，在幽咽秀婉之中包含着咄咄逼人的锋芒。这种声腔，特别宜于演唱悲剧，因此程派的代表剧目，多以悲剧为主，最善于抒发和表达悲剧人物凄楚哀怨的悲愤感情，其中又蕴含着激越雄浑之势，格外动人心弦，具有强烈的艺术感染力。

程砚秋在表演上无论眼神、身段、步法、指法、水袖、剑术等方面也都有一系列的创造和与众不同的特点，作为一个完整的艺术流派，全面展现在京剧艺术舞台上。仅以水袖技法为例，在长期的表演实践中，他创造和总结了"勾、挑、撑、冲、拨、扬、掸、甩、打、抖"十种水袖的技法，并根据表现人物的需要，加以不同的组合和运用，真是变化万千、美不胜收，大大丰富了旦角表演艺术的舞台语汇。中年以后，程砚秋身体发福，有人第一次看程演出，常常怀疑，说这么胖大的一个人，怎么能演好旦角？但是，只要锣鼓点一响，程砚秋上得台来，不用一分钟，常常只是两个动作三句唱，就会让刚刚还怀疑的人彻底忘记了演员，眼睛里只剩下"角色"。这就是程砚秋的魅力，也是程派的魅力。他自己曾经说过："我在京剧艺术其他方面所下的苦功，流的汗水，一点也不比用在创造唱腔上的少。把程派等同于程腔，那真是对我太缺乏了解了。"

程砚秋创作的角色，典雅娴静，恰如霜天白菊，有一种清峻之美。正如程砚秋的知音和挚友、文艺评论家冯牧所分析的那样："假如让我用一句简明的话来表明我所体会到的程派艺术的一个最主要的特色，那便是：这位艺术家在他所表演的剧目和所创造的人物当中所表现出来的那种鲜明强烈、同时又是含而不露的爱憎之情，是程砚秋的艺术风格的一个主要标记。正如这位艺术家在生活当中所表现出来的刚正不阿、是非分明一样，他在艺术实践和艺术创造上也是有所为、有所不为的。他总是更多地把自己的创造热情放在自己所喜爱、所尊崇、所敬仰以及和自己的性格与气质比较接近的人物身上。"

第五节

四大名旦

　　1927年,北京《顺天时报》举办了一次京剧旦角名伶评选活动,由观众投票,不限名额,被选对象须在大班社挂头牌而又有个人本戏,结果梅兰芳以《太真外传》、尚小云以《摩登伽女》、程砚秋以《红拂传》、荀慧生以《丹青引》、徐碧云以《绿珠坠楼》等新戏,兼顾多年来的艺术成就和社会声誉,荣膺"五大名旦"。后因徐碧云离开舞台较早,故观众中只流传"四大名旦"之说。

　　这四人,都是当时赫赫有名的旦角演员,各有各自的艺术风格和拥趸。1931年长城唱片公司邀请四人灌制的《四五花洞》唱片,被誉为四大名旦合作的精品,风靡一时,从此四大名旦的称谓便为世所公认。《顺天时报》还将梅兰芳选为

梅兰芳（右二）、程砚秋（左一）、尚小云（右一）、荀慧生（左二）四大名旦合影

"伶界大王"，又捧为"四大名旦"之首，才定下梅派的百年江山。四人排列的顺序，一般有梅、尚、程、荀或者梅、程、尚、荀的说法，程砚秋在其中，是年龄最小的。

论及四人的成就，梅兰芳自不必说，他年纪最长，1915年就开始大量排演新剧目，在京剧唱腔、念白、舞蹈、音乐、服装上均进行了独树一帜的艺术创新，被称为梅派大师。尚小云幼入科班学艺，十四岁时被评为"第一童伶"，初习武生，后改正旦，兼演刀马旦。他功底深厚，嗓音宽亮，唱腔以刚劲著称，世称"尚派"，代表作有《二进宫》《祭塔》《昭君出塞》《梁红玉》等，塑造了一批巾帼英雄和侠女烈妇。荀慧生幼年在河北梆子班学艺，十九岁改演京剧，扮演花旦、刀马旦。他功底深厚，能汲取梆子戏旦角艺术之长，熔京剧花旦的表演于一炉，形成独特的艺术风格，世称"荀派"，擅长扮演天真、活泼、温柔一类妇女角色，以演《红娘》《金玉奴》《红楼二尤》《钗头凤》《荀灌娘》等剧著名。

20世纪二三十年代，京剧旦行崛起，与生行并驾齐驱、平分秋色。四大名旦的称号一旦确立，免不了会在争取观众和业界地位上明争暗斗。"四大名旦"的排序最早是梅、尚、程、荀，逐渐是梅、程、尚、荀，最后则是梅、程并称，瑜亮一时。从四大名旦相互间的关系看,尚、荀两人与梅只是暗"斗",唯有程砚秋雄心万丈,与梅由暗"斗"趋向明争,一时间,程砚秋的呼声很高。

从1924年起,程砚秋分别在和声社和鸣盛社挑头牌,新剧也陆续上演,其声势冠于京师,名旦尚小云、徐碧云皆大受影响,连梅兰芳都退避三舍。上海《新闻报》刊载笔名"遁公"的一篇文章:"剧界自创造家谭英秀(鑫培)逝世后,须生一门,群奉谭为金科玉律,得其一鳞一爪辄自矜喜。墨守陈规不敢少有异同或别有发明,人才消歇可叹也。唯旦一门,人才辈起,其力量均足以创造而又能不相因袭独成一家,吾于此得三人焉,一曰王瑶卿,一曰梅兰芳,一曰程砚秋,诚不能不谓剧界之三杰也。"文章最后得出如下的结论:"以三人之地位论,王开其端,梅臻其盛,程集其成;以三人之时代论,王为过去,梅为现在,程为未来。"这是舆论界第一次将程与梅相提并论,并指出程在未来大有赶超之势。

好像是为这种比较做注脚,当年为张作霖做寿演出之事,更是将程与梅的关系引向竞争。1924年3月,张作霖过五十大寿,在沈阳举办祝寿堂会,北京城中的著名演员几乎全被张请去,唯独声明不要梅兰芳,而以艳秋代之。这尚且不论,等到堂会开始后,程砚秋的演出每天都被安排在"倒三",张作霖只要一看完程砚秋的演出,基本上就会离席休息。主角一走,其他宾客、幕僚也随张散去。消息传回北京,舆论大哗。张如此做的原因,无人知晓,但程砚秋之红极,大为同业所忌。从此,围绕着梅、程之争的是非就没断过。

到了1926年,程砚秋率鸣盛社成员一行12人,第一次赴香港演出。有为程砚秋吹捧者,特出"艳刊"一张,谓"程郎之艺术远胜于梅郎"。剧院的广告,也明白无误地抑梅而扬

程砚秋24岁时从香港回来时照

程。《北平晨报》此时也推波助澜，刊出笔名为"老太婆"的专栏文章，推出"程砚秋主义"讲座，称"皮黄史的发展现在是程砚秋时代"，将程砚秋推崇到了极点。

对于这种关系，程砚秋老师罗瘿公在世的时候，就几次提醒过程，要他妥善处理与梅兰芳之间的关系，最好的是保持"不即不离之间"，不要锋芒太露。罗瘿公死后，梅、程关系从此失去了一个呵护人。梅、程本为师生，梅、程两人各有拥护者，见程有凌驾其师而上之势，梅之友好多为不平，自然也就会有些出格之行为。程砚秋也很苦恼，曾经在给上海袁伯夔的信中，对此中缘由有详细告白："自去年（1923年）梅先生返京后，梅派拥护者对秋时时冷嘲热讽……其余破坏之事很多，一言难尽……罗先生去年病后，他们未去看过一次，近日非常殷勤，全体出马，一面专造谣言，破坏秋的名誉。现在是造谣的时期了，将来此等谣言恐怕愈出愈奇了。上海方面，还望您代为说明，报纸文章等抄好寄上。此间友人说，他们既停战亦不再还口，不过他们变刚为柔，更不能不防备了。"

此后，虽然程砚秋仍然认梅兰芳为老师，但关系已经无法回到当初，隔膜一时难消除，而且还出现了两次打对台的尴尬局面。1936年、1946年，梅兰芳和程砚秋分别在北平和上海两度对台，虽然双方均力求艺术上的争胜，并未沦为恶意的争斗，但梅、程都意在一决高低，未免有意气用事之处。对此，梅、程各有说法，莫衷一是，梅、程之嫌隙由此毕露于世。

程砚秋是梅兰芳所收的第一个弟子，而梅兰芳又是对程砚秋起到过巨大

程砚秋40余岁时与尚小云合影

影响的榜样，他们之间的竞争也好、罅隙也罢，最终还是艺术上的争论，并没有沦为恶意的人身攻击。这是由于两个人的人品，也是因为他们都是艺术上的追求者所注重的，最终还是京剧表演艺术的未来。

解放初，梅兰芳和程砚秋分别被国务院任命为中国戏曲研究院院长和副院长，开始了他们长达八年的合作共事。可贵的是，此时的梅兰芳和程砚秋更多地看到了对方的长处，惺惺相惜，取长补短。程砚秋去世前不久到山西讲学，他盛赞梅兰芳所演的《贵妃醉酒》，坦言自己早年从梅先生的艺术中受益匪浅。

梅兰芳、尚小云、程砚秋合影

梅兰芳则更是充分肯定了程砚秋根据自己的天赋条件另辟蹊径的艺术创造。他在《追忆砚秋同志的艺术生活》一文中，得出如下结论："我们两个人在艺术进修的程序和师承方面是差不多的，像陈德霖、王瑶卿、乔惠兰等几位老先生都是我们学习的对象。由于我们本身条件不同，所以根据各自的特点向前发展，而收到了异曲同工、殊途同归的效果。"

梅、程二人，均为一代宗师，分别开创了"梅派"和"程派"艺术。二人之间的合作、竞争，既是京剧史上绕不开的一段史实，也客观上促进了京剧艺术，尤其是京剧旦角艺术的发展和创新。这是京剧舞台上两座秀丽的山峰，他们为世人留下了难以磨灭的艺术瑰宝，至于谁高谁低，已经不那么重要了。而他们在晚年能最终捐弃前嫌，重归融洽，也是二人一生缘分最好的结果了。

第五章

登堂入室

DENGTANG RUSHI

在京剧艺术表演中，程砚秋不仅以独特的演技形成了特有的流派，而且他还勇于创新，积极致力于京剧改革，为京剧的发展和繁荣做出了很大的贡献。

第一节

改名明志

1932年1月1日,正是程砚秋二十八周岁的生日,按照传统,这一天是他三十岁(虚岁)的日子。古人云,三十而立。对于已经在京剧舞台上取得巨大成功的他来讲,三十岁的年纪,不仅意味着人生到了一个关键的节点,他自己的事业和对艺术的追求,也处在一个"不破不立"的阶段。

此时的程砚秋,踌躇满志,却也保持着足够的谦虚和清醒。在他过生日的这一天,程砚秋在报纸上登出启事,宣布自即日起,将名"艳秋"改为"砚秋",字"玉霜"改为"御霜"。同日,程砚秋首开山门,收荀慧生之子荀令香为徒。

拜师仪式既热闹又隆重,因为这是程砚秋第一次收徒弟。此时的程砚秋已经是京剧界响当当的大人物,拜师的徒弟荀令香是荀慧生的长子，而荀慧生又是四大名旦之一，向来与程砚秋关系融洽。梨园界历来有"易子而教"的传统，荀慧生为长子令香亲自向程提出拜师要求，程砚秋欣然应允，并选择了他三十岁的生日作为开门收徒的日子。

在收徒仪式上，他意味深长地说："今天是我三十岁的第一日，又是我改名砚秋第一日，也是我收录门徒的第一日。孔子说'三十而立'，这'立'是站得起，这站得起是很不易的。我行年三十，所以把艳丽的'艳'字改为砚田的'砚'字。我这砚田，还是开荒垦田，不过种田的农人都是希望有收获的。"

1933年，程砚秋在泰山顶刻"御霜"以明志

说到徒弟荀令香，程砚秋解释了收徒的原因："之所以收荀令香，一来因为令香受过正规教育，从小除学戏外，学过英文、数学和其他各种科学，将来定有很大希望；二来令香是荀慧生先生的大公子，我教他，有错误的地方，经荀先生一纠正，也就好了。"他还意味深长地说："今天我第一课就教《骂殿》，为什么要教他先学骂人呢？因为我们唱戏的无权无勇，遇见什么不平的事，或是受了委屈，都不敢说话，只好借着唱戏发发牢骚，大概这'骂'字是不能免的，所以不妨先教他《骂殿》。"这实际是在教戏之前，先教做人，做一个爱憎分明、刚正不阿的人。

通过收徒和改名，程砚秋向世人宣告：程砚秋决不以艳悦人，而要砚田勤耕为秋收。御霜又是芙蓉的别名，程砚秋以物寓志，要像深秋盛开的芙蓉一样高洁、坚强，傲然挺立，不惧严冬寒霜的威逼。

登报改名的第三天，1932年1月3日，程砚秋又在《剧学月刊》一卷三期上发表了《致梨园公益会同人书》,宣传:"砚秋每想替我们梨园行多尽一些力。第一,就是要使社会认识我们这戏剧不是'小道',是'大道',不是'玩意儿',是'正经事',这是梨园行应该自重的。但是,砚秋的学识太浅陋了,怎能负起这样重大使命呢?因此便生出了游学西方的动机。"他已经"决计不顾一切,定于本月十五日以前由西伯利亚铁路赴欧。预定在半年至一年的工夫,游历法、英、德、意、比和瑞士六国,把他们的戏剧原理与趋势考察一下,带一个有系统的报告回来,以为我们梨园行改进戏剧的参考,就算是程砚秋报答各位前辈及同人的初步。"

此前,梅兰芳曾于1919年、1924年两次赴日本演出,1930年又赴美国进行访问演出。梅兰芳所到之处,都掀起了一股强烈的中国文化之风,在当地引起了轰动。梅的出访,取得巨大的成功,为中国京剧走向世界做出了卓越贡献,这对程砚秋是很大的激励和启示。此时的他,正是意气风发、踌躇满志的时候,老师的成功,也使他产生了走出国门、游学西方,以沟通中西戏剧文化的想法。只是由于环境和条件都未成熟,程砚秋一直未能成行。

如今,程砚秋终于付诸行动,李石曾对此评论说:"前年,梅先生赴美演剧,是将成熟的艺术介绍于西方。现在,程先生赴欧游学,是考察西方的艺术,将以改良中国的戏剧。"程砚秋在《一封留别信》中也称:"本来东西艺术原有共同之点,因为写实派在他的高潮中横行无忌对于中国戏剧固然每每加以菲薄,但是中国的戏剧绝不是浅识者所能了解。自从梅先生赴美游历之后,把中国的戏剧介绍给欧美人,中国的艺术也渐渐为西人所认识了。现在,西方人很希望了解中国戏剧,同时,中国也有借重西方艺术之必要。砚秋此次赴欧,除了游学外,必然细心考察。"

程砚秋能有机会去西欧游学,得到了李石曾、陈书通等人的帮助和支持,尤其是李石曾。罗瘿公去世后,李石曾是支持程砚秋的一个重要人物。李石曾官宦出身,曾经留学法国,为同盟会成员,曾任国民党中央监察委员、北京大学教授、中法大学董事长等职。李石曾看到梅兰芳 1930 年飘洋过海到美国演出，风光无限，赞誉无数。他便也动了心思，积极为程砚秋的出国出谋划策。

1930 年，李石曾作为国民党元老，利用法国政府退回的庚子赔款，创办了中华戏曲音乐院。学院下设北平戏曲音乐分院和南京戏曲音乐分院，北平分院由梅兰芳任院长，齐如山任副院长。南京分院由程砚秋任院长，金仲荪任副院长。南京分院仍在北平，附设有中华戏曲专科学校，设在崇文门外木厂胡同 56 号，男女兼收，由焦菊隐任校长，程砚秋为校董事会成员。李石曾曾经赴日内瓦出席国联文化合作年会，以中国教育考察团团长名义，参加在法国召开的世界新教育会的第六次大会。他把程砚秋列为中国教育考察团团员。程砚秋此行，正是以南京戏曲音乐院院长及考察团团员的双重身份，得到了前往西欧访问的机会。

中华戏曲专科学校南京分院欢送程砚秋赴欧考察合影

1931 年，国际联盟应当时中国政府邀请，派代表团前来中国考察教育。考察团在北平期间，团员们曾观看程砚秋演出的《荒山泪》，对这出反战戏剧大为赞赏，并由此与程砚秋结下了友谊。考察团回国之际，程砚秋与之结伴同行，于 1 月 14 日搭乘北宁铁路的火车，离开北平。

第二节

游学西欧

1932 年 1 月 5 日，梅兰芳为即将出国的程砚秋先期举行欢送大会。13 日离开北京的时候，京城梨园界的代表、鸣和社的合作伙伴以及程砚秋的师友、家属和学生，纷纷到车站送行。程砚秋自天津赴塘沽搭乘日轮济通丸，赴大连港而后换乘火车，一路西行，开始欧洲考察。

在穿越苏联的漫长旅途中，程砚秋与国联考察团郎之万教授结下了友情。程利用同行的机会，向教授询问了法国和西欧的文化艺术界的状况、异国的风俗人情，互相交流了对艺术与人生的看法，探讨了和平与反战等问题。郎之万之后曾经在给程的题词中所说："余识程砚秋先生，自北平始。在旅程中，知其品德崇高，益深钦佩！特记数语，以表友谊。"

1月25日，程砚秋到达莫斯科，由于时间紧，他未在这座红色革命都市多做停留，只是参观了莫斯科一所国家剧院和一所小剧院。1月28日，程砚秋到达巴黎。一直到第二年的三月，程砚秋用了一年多的时间，先后赴法、德、瑞士、意大利等国，游历了巴黎、柏林、日内瓦、尼斯、米兰、罗马、威尼斯等艺术名城。

在巴黎期间，程砚秋惊异于这座欧洲文明之都的灿烂文化，他参加了许多活动，通过与法国艺术界人士的接触与交谈，重点对"化妆术、发音术、动作术、表情术等中西两方的异同点"，作了一个比较的观察和研究，对于两种舞台风貌，感受尤深。

在探讨舞台布景问题的时候，法国当时著名的戏剧家兑勒很诚恳地对程砚秋说："欧洲戏剧和中国戏剧的自身都各有缺点，都需要改良。中国如果采用欧洲的布景以改良戏剧，无异于饮毒酒自杀。"《小巴黎报》的主笔也曾问："你们中国戏剧有很高的价值，为什么要考察我们西洋剧呢？这不是笑话吗？"听到这些言论，起初程砚秋以为是他们的谦虚，后来到其他国家，也听到类似的议论，足以证实确实是中国戏曲写意风格与西方戏剧写实风格不同，不宜照搬。

程砚秋认为："东方文化与西方文化是显然不同的，因而东方戏剧与西方戏剧，也是显然不同的。但是，看一看现代的趋势，一切都要变成世界整个的组织，将来戏剧也必会成为一个世界的组织，这是毋庸置疑的。目前我们的工作，就是如何使东方戏剧与西方戏剧沟通，要使中国戏剧与西方戏剧沟通，我们不但要求理论能通过，还要从事实上来看一看有没有这种可能。中国戏剧是不用写实布景的，欧洲那壮丽和伟大的写实布景，终于在科学的考验下，发现了无可弥缝的缺陷，于是历来未用过写实布景的中国剧便为欧洲人所惊奇了。"

在巴黎考察期间，还有两件事使程砚秋深受刺激，铭刻在心。一是在参观巴黎国立戏曲音乐学校音乐陈列馆时，见到世界各国的古今乐器都有许多，唯独代表中国乐器的只是一把胡琴。程砚秋黯然了，当即向校长表示："我们中国乐器，不是如此简单，这不能代表我们中国，将来有机会时，我送几样重要的乐器来，请您陈列吧。"另一件是参观巴黎市中的一座"学生城"，世界各国都有学校在那儿，中国也有一块地皮空着，却无人建学校，更谈不到有学生了。这使程砚秋羞得面红耳赤，内心里暗自说："我们先来办一所学校吧！剧院问题且摆在后面！"即向李石曾建议在法国的中国工人子弟中选择几个儿童参加世校读书，给中国争争面子。并表示愿意回国义演筹款来帮助他们交学费。事后，李石曾果然照办，促成了此事。

在欧洲的时候，程砚秋对西方的电影制作产生了浓厚的兴趣，他利用一切时间观摩电影，有时竟一连看几场而乐此不疲。他对陪同人员胡祥麟说："在短短的一二小时内，能看到听到前所未见未闻未知的东西，如地理、历史、乡土、人情、风俗、习惯、名胜、古迹、起居、饮食、化妆妙诀、台场设计、布局取景、调色配音、表演手法等等，花时少，花钱微，何乐而不为？电影院是我的速成大学，影片是我的突击课本。"在国内的时候，程砚秋就最喜欢看电影，凡有名片上演，他是从不错过。在老北京的真光电影院或平安电影院，常能看到他的踪迹。他外出喜欢穿中国长袍，这与经常西装革履的梅兰芳，大不相同。所以，人们看见他总是一袭长袍，手提一只公文包，悄悄进电影院。看电影时，他也总是坐在楼上后排，怕别人认出自己。

在德国，程砚秋还专程参观了德国的乌发电影制片公司。这个公司的规模、影响仅次于美国的好莱坞，是当时欧洲最大的制片公司。程砚秋一行参观了制片厂的影棚、拍摄现场及各类演职人员的专业表现，给程砚秋留下了深刻印象。尤其他看到，导演对演员的要求非常严格，所有演员不管是明星还是一般演员，都一视同仁。这种认真负责的态度，给程砚秋留下极深的印象。5月24日，程砚秋住进柏林私立高级维斯特疗养院，动了一个小手术，切除了腿上因早年练功受伤留下的硬硬的疤痕。

8月，程砚秋应邀赴法南部尼斯市，参加了国际新教育会议。席间，五十余国的几百位代表了解到程砚秋的为人和立场，并纷纷请求他发表演讲。程砚秋以《中国戏曲与和平运动》为题演讲，并以《荒山泪》选段代表中国演唱节目，同时介绍《荒山泪》的反战主题。曲终时，与会者奋起高呼："废止战争！""世界和平万岁！"一位日本老人在热烈的掌声中进前和他握手，表示对于和平主义的中国戏曲的同情与钦佩。一位波兰大学教授在题为《东方道德问题》的讲话中，对东方的道德大家赞美，他说："我们西方正在倾向它（指东方的道德），的确有研究借鉴的价值，为什么东方的学者反极力来模仿西方，真是莫明其妙。"程砚秋对此深有同感。他真想告诉同胞：我们"科学文明，诚不如人，但是各国有各国的立场，我们所应该保存的，还是要极力维护它，不可自己一概抹杀。"

程砚秋先生在旅欧考察中留影

在柏林音乐大学参观、考察时，学生的钢琴演奏和男高音的演唱，引起程砚秋思想的强烈震动。二十八岁的程砚秋，内心热烈而敏感。回想起自己学艺生涯的苛酷无情，他被以科学理论为依据的西方音乐教学方法所吸引，深感不懂科学原理无以争取进步。程砚秋被柏林大学浓厚的学术氛围所感染，竟然动了在此留学的念头。他主动与德国音乐家加强交往，并且把李白、杜甫的诗谱成曲，参与演奏实验。他在给夫人果素瑛的信里说明，自己准备接家眷在德国定居，要花三年时间就读柏林音乐大学。为表明决心，也从这一天起，程砚秋开了烟戒，也破了酒戒，大吃肥肉，大抽雪茄。一个月以后体重骤增，还特地拍成照片寄回北京。

接到程砚秋的信件，家人大吃一惊，只好去找陈叔通。陈知道程砚秋的想法和为人，马上接连写了几封信，借口北京剧团同人由于不能营业，生活困难，都在等他回来，希望他抛弃妄想，火速归国。程砚秋收到函电，心有不甘，却也无言反驳，心情大坏。"来时衰草今见绿，一瞬春花叶复黄。"这是他在哀叹郁闷中写下的诗句，心中的不甘显露无疑。

第三节

归国之后

在出国一年后，程砚秋不断接到北京家人和同事的信函，催促他回国。程砚秋游历欧洲期间，看到了新事物，学到了新知识，他的心中，也洋溢着旺盛的、从未有过的激情。向往好的，学习新的，这是人性自然的表现，也是健康心智的追求。可惜，现实却是，他必须要回去操持旧业，退回到那个非常实在、实际、实用的圈子里。他是程砚秋，也是鸣和社戏班的顶梁柱，更是观众不能离开的伶界领袖。

1933年2月底，程砚秋不得不考虑家人的请求，放弃了原定继续赴英考察的计划。此时的程砚秋习惯了欧洲的生活，学习了很多德语和法语，甚至能用法语演讲。他提前结束了在日内瓦的教学，中止了向当地人传授太极拳的课程，向在欧洲结识的友人一一辞别。他还拿出重金，广泛搜罗在考察途中看到、听到的各种关于戏剧、文化的材料，最后共计购置、置换剧本约两千多种，图片五千多张，书籍八百多种，其中不少是

程砚秋在日内瓦世界学校教授太极拳

有关戏剧和音乐的宝贵资料。程将这些珍贵的材料妥善打包，陆续运回国内或发表或出版或存档，对中西文化交流起到了促进作用。

4月，程砚秋到达了此次西行的最后一站——意大利，并在此结束了他一年零三个月的旅欧考察。他参观了米兰和罗马的剧院，观摩了意大利声乐艺术，自威尼斯乘船，踏上了回国的万里归途。归国后，程砚秋受到了业界和观众的热烈欢迎，人们都想早一点看到他，也很

程砚秋在瑞士国际学校

想听听他在国外游历的经历和收获。

程砚秋回来后，顾不上休息，很快就将他在欧洲考察、学习的心得发表出来，以兑现他当初出国时的承诺。他在《程砚秋欧游印象谈》中以第一手的亲身感受详细而广泛地谈论了中西戏剧之异同。又于《北平晨报》刊出了《程砚秋先生关于改良戏剧的十九项建议》：一、国家应以戏曲音乐为一般教育手段。二、实行乐谱制，以协合戏曲音乐在教育政策上的效果。三、舞台化妆要与背景、灯

光、音乐一切调协。四、舞台表情要规律化，严防主角表情的畸形发展。五、习用科学方法的发音术。六、导演者威权要高于一切。七、实行国立剧院或国家津贴之私人剧院。八、剧院后台要大于前台，完成后台应有的一切设备。九、流通并清洁前台的空气，肃清剧场中小贩和茶役等的叫嚣。十、用转台必须具有莱因哈特的三个特点。十一、应用专门的舞台灯光学。十二、音乐须运用和声和对位法。十三、逐渐完成弦乐主要的音乐。十四、完成四部音合奏。十五、实行年票制或其他减价优待观众的办法。十六、组织剧界失业救济会。十七、组织剧界职业介绍所。十八、兴办剧界各种互相合作社。十九、与各国戏曲音乐家联系，并交换沟通中西戏曲音乐艺术的意见。

在其后发表的《赴欧考察戏曲音乐报告书》中，程砚秋分上下两章，详实地叙述了游历过程和中西戏剧音乐历史、现状对比，最后再次提到十九项建议的内容，并言："在我的建议中，有许多实行起来都是经纬万端的——这还需要三个条件：一是要各方面的专门家共同努力，二是政府和社会要一致动员，三是大家要以坚定的意志和持久的毅力长期干下去。"考察归来的程砚秋踌躇满志，他要依据知己知彼的亲历学识，以实事求是的科学态度，借鉴西方艺术之优长，改良京剧艺术之弊陋，通过自己的艺术实践来探索乃至完成对于中国戏曲的丰富与革新发展。

除了戏剧理论上的阐述和对中西戏剧文化差异的研究，程砚秋也很注重借鉴西方先进的演剧技术。他在柏林期间，有计划、有目的地观摩了西欧的戏剧、音乐和电影，对西方社会非常流行的种种艺术形式，例如滑稽歌剧、维也纳歌剧、小歌剧、喜剧、悲剧、话剧、舞剧、民间剧甚至杂技、马戏等也有涉猎。他有感于德国戏剧舞台上美丽的布景和考究、真实的化妆、衣饰，对中国戏剧的某些弊病提出修改的意见。他表示："待回国后，我一定要尽心尽力把京剧改革一新，吸取西方舞台的精华。此志不变。"

在学习戏剧理论和戏剧思想的基础上，程砚秋还注意到了西方剧场建筑的科学性和合理性,他对剧院宽敞的后台、空气的流通、良好的灯光和舞台美术很是羡慕,再联想到中国旧式剧院的那种脏乱差和各种噪音,认为有必要向外国好好学习。他专门雇人收集剧院建筑的资料、图片及规章,及时地寄回北平戏校和戏曲音乐研究院收藏、陈列或发表。他还详细考察了德国戏界同仁的福利和老年生活保障问题,誊抄了演员的养老条例,并计划回国后借鉴。

从欧洲回国后在北京火车站留影

可以说,以上种种,都是程砚秋此次游学的成果,是他个人在比较中西戏剧文化中得出的真知灼见。当然,他的一些理论,包括一些具体做法,与当时的中国戏剧环境并不符合,有些甚至是格格不入的。但是,从中我们可以看出,不到三十岁的程砚秋,在思想和艺术上都相当成熟。所以,在他回国后,有人就比较他和梅兰芳出国访问的异同点,认为梅兰芳向世界展示了中国戏剧的美和魅力,是"送出去";程砚秋的成果,则是"拿回来",是用西方先进的戏剧思想尝试改造中国戏剧的弊端,这一点,是梅兰芳所不及的。

程砚秋立志改良当时的中国戏剧,在接下来的几年里,他也确实付诸了行动。他积极向西方文化借鉴、学习。同时又坚持民族文化的优良传统,不搞全盘西化。应当说,在戏曲现代化上,他是站在时代前列的先行者和实干家。正是在中西文化的比较、交融中,以我为主、广采博纳,程砚秋最终完成人格和艺术的升华,成为一代大师。

第四节

改良先锋

　　欧洲之行，开阔了程砚秋的眼界，使他认识到了中国戏剧，尤其是京剧艺术上的某些弊病。程砚秋决意对自己的舞台艺术进行改良，使程派艺术进入了一个新的阶段。他首先强化了自己的班底，改组鸣和社，成立秋声社。

　　程砚秋出国前，由于艺术分歧，长期与之搭档的小生姜妙香离开了戏班。当务之急，是要找到一名能与之配合默契的小生演员。此时，陈叔通先看上俞振飞，后又听说叶盛兰不错，便在他二人之间犹豫不定，他在信中这样写道："昨发快信后再四思之，叶（指叶盛兰）身材如何？有无倒嗓之事？亦须想到扮相、台步、声音，果下得去，决计拉叶。初出山较易与，且年轻尚可求进步，又有继仙为师（指叶盛兰曾受业程继仙)在玉霜(程砚秋字)成本较轻,自足合算矣……弟力主俞(振飞),只以无好小生,则舍俞亦无他人也。叶果是后起之秀,则不如舍俞而取叶。"

最终,程砚秋还是选择了俞振飞与之合作。早在赴上海演出之时,程砚秋就与俞振飞有过精彩配合,他曾经数次邀请俞振飞下海,只是由于各种原因一直未能成功。如今,程砚秋成立秋声社,俞本人也没有了家庭的约束,二人终于能搭班演出了。其他人员,白登云、周长华分任司鼓、操琴,丑角曹二庚、二旦吴富琴、老旦文亮臣、花脸侯喜瑞、郝寿臣,武生周瑞安,加上老旦李多奎、小生名宿程继仙等人的配合,秋声社兵强马壮,朝气蓬勃。

程砚秋、俞振飞《镜峦缘》剧照

作为一个学历丰厚、实践有成的优秀演员,程砚秋对于京剧艺术的认识和理解是真实、立体和全面的。从他自身而言,他既看到了需要摒弃的糟粕,也对自身艺术的高妙与典雅有着足够的认知和自信。作为守成者,他的信条是"守成法,不泥于成法"。作为改革家,他的原则是:"脱离成法,不背于成法。"故此,程砚秋对待艺术改良,主要做了三个方面的努力:一、选择过去比较满意的剧目进行加工,使之精益求精,更加完善;二、排演新戏;三、在改善演出环境、习惯,净化舞台上进行一系列改革。

确立了班底,程砚秋的秋声社于1933年冬天开启了山东之旅的演出。这也是程砚秋为了扩大影响,增加票房采取的措施。戏班分别到济南、烟台和青岛演出，所到之处，人群拥挤，盛况空前。在济南演出的时候，著名飞行家孙桐岗特地驾驶飞机在泉城上空散发传单，宣传程砚秋莅临当地演出的新闻，可谓史无前例。演出期满，省主席韩复榘设宴，面请续演，又续了三天。到烟台时，争购戏票的观众竟将票房挤塌。12月21日，程在赴山东演出中登临泰山顶，并镌石刻"御霜"二字以为志。山东之行，又一次验证了程派艺术的强大魅力和深厚的群众基础，也增加了同伴们的信心。

回京后，程砚秋对剧院演出做了许多改革，力图为演员创造良好的演出条件，也给观众提供一个更好的艺术欣赏环境。他在西欧考察期间，对法国、德国的剧场建筑赞叹不已，对演出的程序也很认可，于是，他想方设法要将演出时剧场中混乱、嘈杂的状况进行改变，以建立良好的观剧秩序和环境。

北京戏园的夜戏，都是傍晚六点开戏，十二点以后才散戏。买了戏票的观众，为了看到大轴戏、看"角儿"，要坐六七个小时，实在太累。由于时间太长，剧场中也不断有人进出，不仅影响他人看戏，而且也干扰台上演员的表演。程砚秋演戏时，傍晚七点开演，十一点散戏，同时精选剧目，取消垫场的"帽儿戏"，一开场就是正戏，推出很强的演员阵容，一下就将观众吸引进剧场。到了大轴戏时，台上、台下聚精会神，凝神静气，剧场秩序，大为改观。不久，其他班社也纷纷效仿，逐渐成为一种风气，之前那种马拉松式的观演习惯终被淘汰。

程砚秋还对舞台装置进行了改革，废除了多年袭用的"守旧"，台上正中用一大幕，舞台左右两侧衬以绿色的薄纱，将乐队与舞台隔开，伴奏人员透过薄纱可以看到舞台上演员的表演，而观众却看不见乐队，避免了干扰，可以更为专注地看戏了。对于主要演员的"饮场"、舞台工作人员的"检场"等相沿已久的习惯，程砚秋也想办法加以限制乃至杜绝，极力净化舞台环境，避免干扰，为观众创造一个良好的观赏环境。

1934年的中秋节，程砚秋重排的《梅妃》在中和园上演。戏报一贴出，就卖了满堂。1935年秋，在俞振飞等的合作下，程以全新的舞台处理重又推出了《春闺梦》一剧,这次的演出在很多方面都体现出了程砚秋新的戏改思想。程砚秋邀请搞话剧的朋友帮忙,在剧中加进了灯光、布景,以烘托《春闺梦》惨烈的环境。还在乐队中增加了口琴和双二胡(后来到上海演出还增加了小提琴),使音乐色彩更为丰富。演出后,报纸评论:"此剧意义伟大,各场穿插别具匠心,不落寻常窠臼,衬以灯光变幻,布景新奇,于新旧过渡中之舞台上,力求现代化,开创旧剧之新纪元。"

有记者问,为何程砚秋如此热衷于对戏剧的改良,并如何评价结果的时候,程回答说:"回国后,原拟在一年内不预备登台……十九项建议,除关伶界自身救济的几项,已经在勉力试验之外,其他方面,因为环境和经济的关系,虽然用了一点心思,但是还是事与愿违……我知道一件改革事业,绝不是个人的思想和能力所能成功的。"

1936年6月,程又于上海首演了由杜颖陶编剧的《费宫人》,该剧采取昆乱两下锅的演法,颇见造诣,并配置了精美的布景。丁秉遂评:"这出戏可以说是程具有良知、富于民族意识、爱国的一出戏。"遗憾的是该剧在俞振飞于不久南返后,便未再演出。

1938年10月,在程赴沪演出时,苏少卿评曰:"御霜有志上进,自强不息,所有唱腔,又经锤炼,从前善用之断而另起之细高音,已弃而不用,即此一端,更见精进。"并指出:"程御霜有禹闻善言则拜之德。"

1939年4月至10月,程又曾赶排吴仲荪据百子山樵传奇改编新剧《燕子笺》,并于寓中试戴五云髻仙女装头面,扮相以汉魏仕女为蓝本,如百宝九莲式仙女装乃仿唐代吴道子之龙兴寺壁画设计,构思新奇,别致美观。

第五节

创办戏校

在改组秋声社排演新戏的同时,程砚秋在北京还创办了中华戏曲专科学校,为培育、发掘京剧接班人做出了卓越的贡献。学校隶属于1930年创办的中华戏曲音乐院南京分院,由程砚秋、金仲荪分别任正、副院长。专科学校由焦菊隐任校长,李石曾任董事长,程砚秋、金仲荪为董事会重要成员。这所学校一直坚持了十年,最后因为日寇入侵,不得不停止。通过这所学校,程砚秋在教育京剧人才的同时,得以有机会和条件,施展抱负,革新戏曲教育。

程砚秋参与了学校的建立、发展和管理,对这所学校倾注了许多心血,学校的办学宗旨、规章制度以及师资力量,无不亲力亲为。他说:"从前伶界思想极其简陋,有许多童伶,只知学戏,不知读书。我们兴办戏曲学校的目的,便是要用新的方法来造就新的人才,使他们一方面有足够水准的技术,一方面也具有现代的思想,好来担任京剧改进的工作。"

当学校经费紧张的时候,程砚秋自己贴钱,以维持学校的运转。1934年,由于学校无力承担校舍房租,程砚秋买下了椅子胡同的一排房子,无偿捐出,以改建为中华戏校校舍。平时,为了办好戏校,程砚秋不仅提出许多设想和建议,而且不论演出多忙,他也要尽量挤出时间亲自为学生授课,以身作则,言传身教,提携后学。

程砚秋的改良思想,也体现在了办学上。从一开始,他就想将戏曲专科学校办成一所新型的学校,以培养"适合时代之戏剧人才"。学校男女学生都收,而且规定男演男、女演女,这在当时是一个创举。学制为八年。由于条件所限,只设歌剧系,培养京剧表演人才,对于计划中的话剧系,始终未能开办。

为了教好学生,学校聘请了当时国内几乎最为顶尖的京剧界和文化界的人才。戏曲改良委员会由王瑶卿、杨小楼、梅兰芳、余叔岩、程继仙、程砚秋、焦菊隐、齐如山、张伯驹、李石曾等人坐镇,翁偶虹任主任委员。教师则包括了各行当中的名宿和名角,生旦净丑俱全,还设有专业的武功教师和昆曲教师,分工精细,阵容强大。

中华戏校很尊重教师,根据教师的具体习惯安排教学,管理上很灵活。例如有的年轻教师是常年驻校的,每天按时给学生上课;有的年纪大一些的,或者不便每天到时来上课的,学校就会安排训育老师带着学生到老师家去学戏;还有的老师有烟瘾,习惯每天深夜过足了瘾才有精神上课,往往会将学生从被窝中叫醒去学戏。只要能让学生学到真才实学,学校对老师们都比较迁就,对一些教师的不良习气也比较宽容。但学校会提醒告诫学生:"你们跟着先生,是学他们的本领,不要学他们的习气。"

对待学戏的学生,学校也采取了文明、人性化的管理模式。程砚秋亲自倡议,废除了以往磕头、拜师、体罚打骂等老班社的规矩。并且规定,在舞台上不准饮场、不准用检场人、不准用跪垫,即使像《玉堂春》里的苏三整场都是跪唱也不许用。这些改革措施,遭到了当时梨园界保守势力的诟病和攻击,认为程砚秋的学校是"离经叛道",是"败坏祖宗的规矩",但实践证明,这些改革的方向是正确的,是受到师生们的拥护和观众的认可的。随着学校成绩不断的上升,学生们也学业有成,老师们也都心悦诚服,这些言论也就烟消云散了。

程砚秋和其他几位学校的决策人员,都非常重视演员在文化上的学习,故此,除了专业课程以外,还开设了文化课。学校聘请了一批专家、学者为文化课教师,如华粹深、吴晓铃、陈墨香、徐凌霄、佟晶心、杜颖陶、翁偶虹等都曾为学生授课,还聘请了燕京大学外语系的高才生为学生们当老师。课程包括国语、古文、历史、地理、美术、算术、音乐、音韵、英文、法文、日文等课程,其分量超过当时的初中。有严格的教学规定和考核制度,不合格者照样受淘汰。还有不少学生除专业技能拔尖外,在文化上表现也很突出。

课余的文化活动也丰富多彩,如学书法和绘画,练习乐器等等,多方面提高学生们的艺术修养。程砚秋还组织学生排练西方话剧,接触西方的戏剧艺术,如《梅萝香》等。全校实行奖励制度,每年评定一次优秀生,头五名发十二元的奖学金以及铜镇尺、乒乓球拍子等物。这样的举动,在当时被某些人视为"歪门邪道"。

程砚秋治理学校的突出思想,就是"演戏要自尊"。他常对学生们说:"戏剧是正经大业,不是玩意儿。唱戏不是供人消遣取乐的,而是要提高人类生活的意义,鼓励学生们自尊、自重、自强。"他还专门对女学生讲:"你们都是专业的演员,毕业了不是让你们去当姨太太。你们一定要刻苦用功,要把唱戏当做一辈子的事去干。"

第六节

培育新人

　　中华戏曲专科学校非常重视学生基本功的训练,将其作为学生们日常课程的重中之重。程砚秋自幼学戏,六岁就跟着师父练功,自然深知"拳不离手曲不离口"的道理。戏校筹建期间,有人提议,戏校应该与科班有所区分,建议遵照普通中小学的模式,每年有寒暑假,让师生有一段休息时间。对此,程砚秋持不同意见,他强调,学生的基本功训练一天也不能间断。

　　他还认为,戏曲行话中的"夏练三伏,冬练三九"很有道理。夏天天气热,人的筋骨全松弛了,好练;冬天天气冷,筋骨都收缩了,如果坚持不断的练功,把收缩的筋骨练得伸开来,这就有了功夫。因此这两个季节最出功。如果放寒暑假,

中华戏曲专科学校学生上课一瞥

就把两个最出功的季节都错过了。等到开学到校时,十成功恐怕就只剩下两成了,又得重新拾起,这对于老师和学生都不是很方便的,更何况"三天打鱼,两天晒网",就很难谈到技术锻炼。程砚秋的这种见解得到赞同,因此中华戏校每年只有几天假期,平时学生一律住校,不许回家,保证练功不辍,很见成效。

1934年之后,程砚秋排演了一些新戏,在学校的教学中,他注重实地观摩对学生的提高,鼓励学生学看戏。为了给学生创造条件,他规定,凡是他有演出时,总在剧场留下两个包厢给戏校的学生,以便他们有更多的观摩演出的机会。这种近距离、活生生的学习方式,对学生们无疑是最好的提高方式。

戏校的学生,在完成一年学业以后,就会参加科班教学边学习、边实践,坚持演出的优长,戏院安排学生演出。这样做,不仅为学校增加了收入,更为学生增强本领、展露才华、赢得观众创造了条件。王金璐在《回忆中华戏曲学校》的长文中说:"大师哥大师姐们已经快毕业了,我和候玉兰、李和曾承担了'挑梁'重任,由于演出多、戏码多,在社会上已经有了相当大的号召力,常常是水牌子往出一挂,戏票随即抢购一空。有一个时期,学校与吉祥、中和、广和三处园子,前后连续订立了三年演出合同,这个时期,我们天天有演出,常常换新戏,更加受欢迎。有一批爱看'孩子班社'演出的观众,包下了许多专座,只要是我们演出，戏票就得留出来，他们来不来看戏都照样付钱。许多报刊都开辟专栏，每天发表文章，除了评论演出的优劣、报道演出动态外，甚至谁置了一套新服装，绣的是什么花都介绍得一清二楚。这种盛况，就是那些以蜚声剧坛的戏剧大师和挂头牌的'大班'也难相比。"

1936年年底，北平的一家以发表戏曲界动态为主的《立言报》针对许多读者提出的"谁能继承四大名旦资格"的问题，举办了一次"童伶选举"，竞选对象必须是科班的学生，由观众投票，实际上只有富连成科班和中华戏校的学员。1937年1月10日公布选举结果：李世芳得票最多，18414票，当选为"童伶主席"。下面有生、旦、净、丑四部的前四名，王金璐为生部冠军，得票10922票，亚军叶世长，第三名为黄元庆，第四名是傅德威；旦部冠军是毛世来，得票12560票，亚军是宋德珠，第三名是侯玉兰，第四名是白玉薇；净部冠军为裘世戎，亚军为赵德钰，第三名为洪德佑，第四名沈世启；丑部冠军为詹世辅，亚军为殷金振，第三名艾世菊，第四名赵德普。

尽管戏校只有王金璐获得其中生行的冠军，其余三个行当的冠军均由富连成的学员获得，但总体而言，戏校的学生获奖人数是高于富连成的，共有

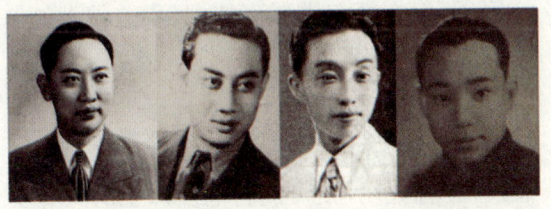

"四小名旦"左起：张君秋、李世芳、宋德珠、毛世来

9人获奖。可以说，戏校的学生总体实力是很强的。在此次评选之后，戏校的宋德珠、李世芳、毛世来、张君秋被公认为"四小名旦"。李世芳1947年因飞机失事去世后，戏校的陈永玲、张君秋、毛世来、许翰英被推选为"新四小名旦"。

随着一批批学业有成的学生逐渐登上了京剧舞台，中华戏校在社会上有了相当声望，前景一片大好。可惜，到了1937年以后，日本侵略者阴谋侵略我华北国土，在抗敌的大环境下，戏校的经费日趋紧张。程砚秋等人四处筹措，勉力维持学校运转。就在戏校难以为继的情况下，日伪当局派人到学校，向程砚

王瑶卿与中华戏曲专科学校的学生们合影

秋和金仲荪表示,他们愿意接管。

此事发生的当晚,程砚秋、金仲荪召集戏校的高层人员,秘密召开紧急会议。关于戏校的去留问题,程砚秋态度坚决,他说:"宁愿学校停办,也不能将学校交给日伪当局。"会议上,他沉痛地说:"戏校决不允许他们接办,一定要解散。敌寇入侵,我们不能远离北平,还不时地以演出为掩护,这已然很对不起我们的国家、我们的民族,再若看到我们的戏校、我们的学生以及我折腰事敌,那真是生不如死了,所以我决定解散戏校。"其他人虽然心有不甘,不忍心多年经营的事业就这样停了,但大家知道兹事体大,事关做人的原则、国家利益和民族大义,都同意程砚秋的意见。

想关闭学校,在那种环境下,也不是一件简单的事情。如果与日伪当局硬碰硬,强行关闭,很可能会危及师生的人身安全。程砚秋没有马上宣布关闭,而是学校一切经营照旧,甚至还大张旗鼓搞起了增选校长的活动,以达到麻痹敌伪当局的目的。突然有一天,金仲荪校长召开全校大会,以资金不足为由,宣布停办,请大家各奔前程。解散后,程砚秋迅速将学校的汽车、戏箱、家具,以及为赴法国参加国际博览会时订购的所有戏装悉数变卖,以此偿还为赴法国欠下的贷款。处理完这些事后,程砚秋怅然若失,感叹道:"卖掉若许之物,这好有一比,旗族大少爷一败家之子。"

等到敌伪当局接到消息,明白过来时,中华戏校已是人去楼空。

第六章

高风亮节

GAOFENG LIANGJIE

程砚秋"以艺名世，以德照人"，展现出他的思想性格，表现了一个爱国的、正直的、进步的艺术家的执着追求，浓缩了中华民族的传统美德和高尚的人格情怀。

第一节

义拒利诱

　　1937年初,程砚秋在为赴法国巴黎国际博览会的演出做着准备。当时的中国积贫积弱,没有任何中国商品和成果参加巴黎国际博览会。由于此前梅兰芳、程砚秋都曾经在国外做过成功的访问和演出,广大侨胞中的爱国人士打算请程砚秋到巴黎博览会演出,以证明中华文化的博大精深,挽回影响和损失。他们四处奔走,联系剧场,进行宣传,同时,希望程砚秋和他的班社能尽早成行。

　　正当程砚秋在国内精心谋划、积极准备的时候,"七·七"卢沟桥事变爆发,日本帝国主义发动了大规模的侵华战争。形势的巨变,使得程砚秋原定于8月出访的计划成为泡影。随着战争形势的日益紧张,华北大片土地沦陷,程砚秋和千千万万中国人民一样，遭遇了战争的痛苦和苦难。

"七·七事变"时，程砚秋正在山西太原公演。接到消息后，剧团无心再继续演出，只想早一点回到北京，回到自己的家人身边。由于战争，平汉铁路已断，火车不通，剧团千方百计找到几辆汽车，驱车去了大同，再换平绥路火车辗转回到北平。

程砚秋滞留山西的消息，被延安方面得知，周恩来马上派人去山西接触程砚秋，希望先把程等暂时接到延安再做安顿。可惜，等到了山西后，程砚秋等已经借到汽车，去了大同。就这样，程砚秋与周恩来失之交臂。

辗转回到北京的程砚秋，看到的是一座死气沉沉的城市。路上行人稀少，家家户户闭门不出，商铺也都关着门。一夜之间，做了亡国奴，程砚秋的心中满是悲愤和无奈。之后的日子，由于城市沦陷，人心不安，剧团演出很少，团员们的生活都成了问题。即使这样，程砚秋也不为日本人卖命，生活再艰难，还是保持着一个中国人的气节。

日本军侵占北平后，为了稳固统治，收买人心，大肆实施各项粉饰太平装点门面的措施。有一天，敌伪政权的人找到北京梨园公会，打着"歌舞升平"的幌子，胁迫公会组织京剧名角联合唱义务戏，名义是"支援皇军，捐献飞机"。

本来，北京的梨园行一直有唱合作义务戏的传统，遇到"赈灾""救济贫困"的时候，很多名角都会拿出自己的拿手好戏，联手合作，为社会公益贡献力量。由于参加义务戏的演员多为"大腕儿"，社会名流、富商巨贾都会不惜高价争相观看，有的人还会买许多票分赠亲友。所以，北京一有大义务戏，各报章就会大书特书，纷纷报道，为本就热闹的大戏推波助澜。

日本人看中了这一点，想用办大义务戏的方法繁荣市面稳定人心。在高压下，许多京剧名演员对这场义务戏不敢不唱，硬着头皮答应。当时，梅兰芳早已南迁不在北京，旦角中以程砚秋声名最盛，梨园公会第一个就来找他。起初，程砚秋对于说客还是很客气，大家寒暄落座喝茶，说几句不关痛痒的闲话。公会的人先是极力称赞程砚秋,说他的戏好,满北京城没有不喜欢四爷戏的。然后又说程砚秋声名远播,在世界上也有声誉,就连日本人也很欣赏四爷的艺术。

等到来人最终说明了来意,程砚秋的脸色马上变了,他站了起来,声音也高了八度,大声说:"给日本人唱义务戏?我不唱!"

对方见程砚秋直接拒绝,只好赔着笑脸,连连说形势所迫,希望他能体谅同业的难处,好歹去帮个人场。

程砚秋不卑不亢回道:"我不能给日本人唱义务戏,能唱的人多了,不缺我这一个,恕难从命,还请您另请高人吧。"

公会的人见程砚秋斩钉截铁,就是不去,又拿出日本人当杀手锏,说道:"四爷,不是我们胡搅蛮缠,是那日本人非要请您啊。您要是不去,恐怕日后对您和您的戏班不利啊,咱们'人在屋檐下,不得不低头',您还是再考虑考虑后果吧。"

看见来人搬出日本人来威胁自己,心中早就憋着一股火的程砚秋怒了,他本就是个吃软不吃硬的脾气,程砚秋将手里的茶碗往桌子上一撂,冷着个脸回答:"这话说得有意思了,砚秋不是什么英雄好汉,可也知道做人得有良心,叫我唱戏帮他们买飞机去炸中国人?这我做不到,谁愿意唱谁唱,我管不了。"

看到对方还想继续狡辩,程砚秋接着说:"我今儿身体不舒服,就不多留几位了。我一人做事一人当,决不连累大家。献机义务戏的事,我程某人是宁死也决不从命!"

一番话大义凛然,掷地有声。程砚秋对陪同公会来访的"秋声社"的经理人吴富琴、高登甲说:"麻烦两位帮我送送客人,如果公会不好交差,不妨转告日本人,甭找梨园同业的麻烦,我有什么罪过,让他们直接找我说话就是了。"

说完,留下尴尬无比的几个人,程砚秋转身就走,毫不客气。梨园公会的人知道再说也没用,只好沮丧地离去。幸好,事后公会以程砚秋身体抱恙的借口应付了过去,这些"反日"的话也没有传到日本人的耳朵里。否则,程砚秋不知会遭到什么样的陷害。

第二节

质本高洁

正如梅兰芳蓄须明志,远离北京卖画谋生,也不与日本人同流合污一样,程砚秋在抗日期间,也表现出了坚决的意志和拒不合作的态度。他先是拒不参加义务大戏的演出,其后也决不充当日伪政权的走狗,不为敌伪当局唱堂会、拒绝参加去"满洲国"的"文化使节亲善团",公演时不给伪政府、报社、电台留"官座"等一系列行为,充分表明了他对待国家、民族的热爱和正义。

早在1931年"九·一八事变"后,程砚秋就表现出了对日本人愤恨的态度。1931年9月21日,也即"九·一八事变"发生三天后,程砚秋就在当日的《华北日报》上刊登了一条消息:"今晚不登台演戏,平市名伶程砚秋,原定今晚在中和演《文姬归汉》，唯因国难当前，既挽救之不及，何忍再粉墨登场，显露色相！遂于昨日通知该园，今晚决不出演云。"

程砚秋穷苦家庭出身，自小在班社苦学，他对普通百姓充满了关爱和同情，即使他成名后收入丰厚，他也从不做为富不仁的事情，对待权贵从来是高傲冷漠，对待穷人反而是一股子热心肠。这与他的母亲托氏对他的教育分不开。

1934年后，程砚秋搬了新居。四合院虽不大，但是宽敞豁亮，比原先租住的排子胡同的房子好得多。友人来祝贺乔迁之喜，照例主家得设宴款待。席间，几张大桌子上佳肴罗列，待客人纷纷落座后，却发现程砚秋不上桌，一个人坐在旁边小茶几旁，只摆了一盘咸菜，几个窝头和一碗小米粥。客人满腹狐疑，忙问缘由，托氏老太太说出了原因："砚秋现在成了角儿，发达了，钱挣得容易，房子也换了，今天不让他上桌，让他吃咸菜、窝头，就是为了提醒他别忘了过去的苦日子，同时也让诸位先生不时提醒着，帮助他好好做人。"一番话，说得来宾心悦诚服，都对程家的家风和教育无不感叹，敬服。

程砚秋的书房

旧社会，成名的"角儿"，看上去风光无限，收入很高，实际上社会地位却很低下，尤其是那些有钱、有权的所谓"达官贵人"，对艺人很不尊重，以为有钱就能随意使唤艺人，甚至将艺人当成"玩偶"看待。程砚秋对于此类事此类人，非常反感和愤恨。在他日后收徒的过程中，程砚秋从不收女徒弟，怕的就是惹麻烦。他不主张女人学戏，也严禁自己的后代涉足舞台。故此，在四大名旦中，只有程砚秋一人的后代没有继承父业，其他三人的子女中，均有从事京剧表演或教学的。一直到新中国成立后，艺人的地位有了根本性的提高，他才改变了观点，先后指点、指导如新艳秋、章遏云、李世济、李玉茹、侯玉兰、白玉薇、李蔷华等学习程派很有造诣的女演员。程砚秋的这种做法，虽然不无偏颇之处，但却显示其疾恶如仇、洁身自好的性格。

他去给这些权贵唱堂会时，从来不卑不亢，不为多得几个钱摧眉折腰。有时候，甚至会激怒对方，好几次险些性命不保。日伪时，程砚秋这种抗争的性格，越来越突出。程砚秋曾经说过："我的小孩，一个学戏的也没有，社会上都歧视这行人，叫'戏子''淫伶'。使我受刺激最深的是，在军阀时期，我到山东演戏，一天，军阀张宗昌听完戏后，不叫我卸妆，去陪他喝酒。我听了非常气愤，这不是污辱人吗？我当时说，这不合适吧？便卸妆而去。"后来，陈叔通也曾经回忆说，张宗昌在北京称威时，约程出堂会后，又请程去谈话，谈完后送了六万元现钞给程。程正色拒绝："堂会的戏份已拿过了，这笔钱我不能收。"张宗昌杀人不眨眼，是个强盗军阀，但有时盗亦有道，对程无可奈何，反而佩服程砚秋这个刚正不贪的血性男儿。

北京沦陷后，日伪北京警察局二区署长要办"义务戏"，指明要程唱《红拂传》。程砚秋一口回绝，理由是这是我的"看家戏"，每年只在年底唱一回，平时不唱。程砚秋接着去了天津，署长派人也跟去了天津，花言巧语把程诓回北京，逼他就范。程砚秋火了："这是干什么？我说不唱就是不唱，给你们唱出《教子》就不错了，要不然我马上买车票回天津。"强硬的态度，狠狠打击了警察署长的嚣张气焰。

旧社会，专门有一些混迹于梨园界"吃戏子"的戏霸、恶人，他们仗势欺人，软硬兼施，胁迫演员唱各种名目的"义务戏"，从中捞取利益。日寇占领期间，这些恶霸更是肆无忌惮，动不动就以慈善为名强迫演员唱"义务戏"。广大艺人受不了这种频繁的盘剥，找到梨园公会寻求保护。公会邀请程砚秋前来开会，商讨对策。本来程砚秋极少去梨园公会，可听说是因为此事，他不仅亲自参会，还在会上倡议大家团结起来,集体抗争。

程砚秋作为"秋声社"的头牌,有很多机会接触新闻记者、警察局和社会局的官员,但程砚秋从不与这些人走得过近。他不唱戏的日子里,喜欢在家中读书、画画,会会知交的几个朋友。有人问他为何不喜交际,他的理由是:"我应酬他们也要唱戏,不应酬他们也要唱戏,他们不能把我怎么样,有钱也不花在这些人身上。"

曾经,天津《庸报》有个姓叶的主笔,早年组织过四大名旦义演《四五花洞》,他灌了唱片,声言自己分文不取,却偷偷地把唱片卖了,收入进了个人腰包。后来,程应天津中国大戏院之约去唱戏,叶某先赶来北京,邀程先唱义务戏。程厌恶其为人,直接告诉叶,自己已经与剧场有约在先,不能先唱义务戏冲击人家营业,委婉拒绝。叶某为了挣钱中饱私囊,再三纠缠。程砚秋忍无可忍,见面中直接戳穿他当年的不义之举,斥责他见利忘义,如今又想故技重施,断无可能。双方不欢而散,惹得这位主笔私下怨恨。

从拒演献飞机义务戏开始,程砚秋一直不愿与当权者合作。凡是日本人组织的义务戏,他一律拒绝参加;凡是有日本人参加的名流宴会,他拒绝出席;走在路上,每遇迎面而来的日本人,程砚秋总是躲到一边,侧目视之。上海有一家唱片公司,到北京邀约程砚秋,请他灌制唱片,程砚秋对厂商说:"公司如果是中国人办的,我愿意唱。如果是日本人办的,多少钱我也不唱。"这种行为和态度,最终惹恼了日伪当局。他们下令,所有广播电台不准播放程砚秋的唱片。电台无奈,又为了满足众程迷的强烈要求,只好播放别人所灌的《锁麟囊》唱片。于是,在那个时期,电台里总是播放着不是程砚秋唱的"程腔"。

第三节

古道热肠

因为这种倔强、高洁和疾恶如仇的性格,程砚秋被敌对方骂为"茅厕的石头又臭又硬"。可是,尽管敌人对他恨之入骨,程砚秋仍然不改初衷,秉持着做人的原则,与敌对势力斗争。对于他周围的同事、同行和普通百姓,他却总是那样文质彬彬,毫无架子,急他人所急,想他人所想,十足的君子之风。

陈叔通先生曾说:"砚秋先生厌恶旧社会的腐化,他曾说,在那种社会里,他几乎不能相信任何人。口头上说的是一套,实际上做的又是一套。因此,他对一般人,总是落落寡合的。他犹痛恨旧社会的轻视艺人。他说,在那种社会里,即使他的艺术得到了好评,也不过是供那些大人先生们酒后茶余的消遣，并不是他的人格，他的艺术，真能得到重视。"

程砚秋在谈及同业救济、嫉妒心问题时说："只要努力就有好结果，否则自己争地盘，压抑别人，对自己并没有好处，对于剧界人才问题很受影响。"对同行，程砚秋关心体贴，平时他言语较少，见了人只打个招呼，点点头而已，如果找他说话啰嗦，他就不耐烦了。他不摆名角儿架子，有一次，新新大戏院演义务戏，聚集了京城所有的名角儿。角儿们陆续到场，几乎每个名角儿的身边都跟着跟包和保镖，十分张扬。看到这样的情景，戏院老板万子和对身边的吴富琴笑言："您瞧瞧哪个角儿都是这种排场，只有一个人会是例外，那就是程砚秋。"果然，一会程砚秋来了。他独自一人，迈着轻松的步伐，随意地摇动着臂膀，晃晃悠悠地往后台走去。

程砚秋生活照

吴富琴跟程砚秋合作多年，对程砚秋的脾气、性格十分了解。秋声社去外地演出，总是由社长吴富琴与对方签订合同，条款里都会有这样一条："由院方供给程砚秋汽车二辆，为来回戏院所用。"除此之外，程砚秋到任何地方，都会交代一句："我不用车子。"1942年，他在上海黄金大戏院演出，住在静安寺路沧州饭店。有次演出前，遭遇灯火管制，交通断绝。戏院经理忙打电话与程砚秋联系，很为难地表示不能派车去接了。程砚秋很平静地说"你也别着急，我走着过去，来得及的。"戏院离住地有五里路，他就一个人步行去了戏院。

1933年7月21日，北平市学联会决议致函程先生，接洽演剧救济难民和失学学生。程砚秋慨然相助，并演出多场义务戏救灾济困，他言道："不忍坐视，敬希各界士媛仁施，共襄义举。余只盼做到涓滴归公，则个人之能及皆愿竭诚以赴之。"

1934年7月北平报载:"程砚秋以现值歇夏,为体恤同业起见,个人出资购备洋面百余袋,凡后台伙计以及上下手宫女龙套、场面并催管戏箱伙计,四知交场,每人各赠一袋以资接济。"萧长华先生曾说:"砚秋人品之好是众所公认的。待人忠诚恳挚,无虚无假,重情谊,讲义气。"郭春山先生也说:"砚秋从来是有苦自己受,决不给旁人。"

北京沦陷后,物价飞涨,民不聊生,剧团底层演员、伙计等收入菲薄,生活困难。程砚秋为"秋声社"立了一条不成文的规矩:凡每场戏挣不到一元的,逢年过节,他必有一袋面粉相赠。他还买了相当数量的小米,交梨园公会转送给贫苦同业,免除饥饿之危。

1939年,秋声社在上海黄金大戏院演出,有个阔人要为家中老人庆寿,邀请程砚秋唱一次堂会。程砚秋过去唱堂会是为生计所迫,如今抗战时期,国难当头,一些阔人却夸富摆阔,程砚秋十分厌恶,不予理睬。这位阔佬碰了钉子,觉得脸面无光,又请程的一位朋友出面斡旋,夸下海口:只要程答应唱这出戏,要什么条件给什么条件,要多少钱给多少钱,务请程给个面子。

时值初冬,朔风频吹,上海京剧界一些贫苦同行正为寒衣发愁,程也为之忧心。他眉头一皱计上心来,遂说:"有您的面子,戏我可以唱。但有两个条件:一、《武家坡》不带《跑坡》《进窑》;二、唱这出戏,我一分钱不要,请这位先生出钱做三百套里面三新的棉裤棉袄,给上海贫苦同行每人一套,就算给我的戏份。"阔佬不好反悔,忍痛答应,他不是出不起三百套棉袄棉裤的钱,他只是觉得受到了程砚秋的羞辱。结果令人叫绝的程的《跑坡》《进窑》没看上,反拿出三千元做棉衣。上海同行却得其大惠,程返京时,这些上海京剧的底层演员都穿着崭新的棉衣,一起到车站为程砚秋送行。

第四节

《锁麟囊》出世

北京沦陷期间，程砚秋的秋声社勉力支撑，虽然演出受到影响，但班社为了生存，还是坚持营业。这期间，程砚秋的艺术创作继续探索新的题材领域，塑造新的人物形象。他一贯坚持"戏剧要反映现实"，"戏剧的目的是以提高人类生活目标"的戏剧观，只是在险恶的环境下，在严酷的现实面前，程砚秋不得不有所退让。之前他编演的《文姬归汉》《荒山泪》《春闺梦》等是受观众欢迎、揭露现实鞭挞丑恶的好戏，是不可能在日本人的统治下再演出的。

在这种状况下，程砚秋开始寻找新的编剧搭档。继罗瘿公以后，由金仲荪为他编戏，但由于金仲荪时任中华戏校校长，教务缠身，程砚秋便将目光投向了当时在中华戏校担任专职编剧的翁偶虹。

早在 1926 年时，程砚秋与翁偶虹就认识了。当时翁偶虹在《戏剧月刊》上撰写了《脸谱论释》一文，为了配发照片，翁曾经去程砚秋家索取程的几幅戏装照，这是他俩的第一次见面。这次会面，程砚秋的谦逊和儒雅给翁偶虹留下了很好的印象。翁偶虹原名翁麟声，出生于 1910 年，他自幼酷爱古典诗词，十岁时就陆续在《京话日报》《平报》和《翰海》等报刊上发表诗歌骈文。他的姨父是花脸演员梁惠亭，受其影响，翁偶虹也喜爱京剧，并学过花脸戏。

程砚秋《锁麟囊》剧照

翁偶虹第一次看程砚秋的戏，是 1924 看的《红拂传》，他本来是专程去看花脸侯喜瑞，却被独特的程腔所吸引。这是他第一次被程砚秋的艺术所打动。翁认为，他所听过的旦角唱腔中，以如程腔最为悦耳动听。他说："可以说，程腔是使我对于旦角感到兴趣的发轫之始。"几年后，中华戏校成立，校长焦菊隐正式将翁偶虹介绍给程砚秋认识，二人从此建立了友谊。1939 年之后，程砚秋找到翁，希望他能出任自己的第三任专职编剧，双方正式合作。

能为程砚秋写剧本，翁喜出望外，感觉有些受宠若惊。但他也有顾虑，他不知道自己的作品能不能得到程砚秋的满意，程砚秋让他先找找题材，写一点试试。翁根据程砚秋之前排戏的特点，写出了一部《瓮头春》，表现旧社会一名女性，由于受到诬陷，虽拼命抗争，但最后还是死于流言蜚语的悲剧故事。程看了本子，表示很好，但他更希望自己下一部新戏是一部喜剧，有别于之前一贯排演的悲剧故事。

程砚秋与翁交谈中，拿出一本清代焦循写的《剧说》，他翻开夹着书签的那一页，递到翁偶虹的面前，让他看一个《风尘谭》的"赠囊"故事。显然，程砚秋有所准备，对这个故事心有所属。翁简单看了下，故事文字极短，主要是提倡人与人之间要互相帮助，讽刺趋炎附势的小人，最后结局皆大欢喜，含有喜剧成分。

拿着这个没有人名、没有具体情节的故事，翁回去后颇下了一番功夫。他根据《剧说》中素材定下了整体喜剧的基调，结合《绣囊记》故事，将原来故事中发生的地点由安徽移植到山东，创作了一个新的剧本，取名《锁囊》，又名《牡丹劫》。这出戏，日后成为程砚秋后期的代表作，也是公认最具浓郁程派艺术特色的一出戏。由于剧本比较特殊，新中国成立后，还曾经被批判，甚至一度被禁演。

这出戏的梗概是：富家女薛湘灵出嫁时路遇大雨，在春秋亭内避雨时，因同情一起避雨的另一个出嫁的新娘赵守贞，特将其母送的一只锁麟囊相赠，里面装着价值不菲的金银珠宝。多年后，薛湘灵家乡发生水灾，她一人流落到山东莱州，为了活命，一个偶然机会去了当年的赵守贞家做保姆。赵凭借当年薛所赠金钱，已经成为员外夫人。当真相大白后，赵感念其恩，奉薛为上宾，最后又帮助她一家团圆。

整个剧本，翁偶虹只用了大概十几天就全部完成。时间虽然短，但翁偶虹熟悉程砚秋的艺术风格，懂得程砚秋所要求的喜剧，并不是单纯有笑料、大团圆的喜剧，而是追求一种"狂飙暴雨都经过，次第春风到吾庐"的喜剧意境。因此，翁偶虹将整个故事写得跌宕起伏，并着重利用人与自然环境、人与社会环境的冲突，揭露嘲讽封建社会中人情冷暖、世态炎凉的丑恶现象。程砚秋接到剧本三天后，便电话约翁偶虹到他家里商谈，对剧本非常满意，并提出了一些中肯的修改意见。随后，程砚秋为这出戏设计创造新腔，足足花费了近一年的时间，有四个月的时间颇繁出入王瑶卿的家，逐字逐句地细致打磨唱腔。又时时打电话给翁偶虹,与他就新腔改字换字进行讨论。有时,程砚秋亲自去翁宅,为的只是其中的几个字需要换一换。翁偶虹这样回忆:"他随口就哼着唱腔,哼到了那个唱着不合适的字,停下视我。我稍加思索,选字相商,稍加推敲,迎刃而解。"

这出戏正式定名为《锁麟囊》,于1940年4月29日首演于上海黄金大戏院。演出阵容非常强大,名家众多。演出期间,上海黄金大戏院每晚观众盈门,连演十场,十场皆满。十场演毕,程砚秋本打算改演《玉堂春》。这本是他在上海最受欢迎的剧目,但由于观众对《锁麟囊》太过疯狂,纷纷要求再演。程砚秋于是又演了十场《锁麟囊》,依然火爆,票房爆满。结束在上海的演出之前,他又加演了五场作为临别纪念,还是座无虚席。到最后几场,由于很多观众已经看了多遍,当程砚秋唱到春秋亭内"快把梅香低声叫,分我一枝珊瑚宝,安她半世凤凰巢"经典唱段时,竟然出现了台上台下一起唱,全场观众大合唱的景象。

程砚秋《锁麟囊》剧照

《锁麟囊》首演的黄金大戏院

第五节

勇斗敌伪

日寇占据北京城期间，程砚秋为了剧社的生计，虽然不得不继续演出，但他拒绝与日寇合作，经常搞得日伪当局下不来台。日本人几次三番想给他点颜色看看，但程砚秋社会名望甚高，加之又抓不到他的确切"反日"证据，日伪当局一时也没有办法。明枪易躲暗箭难防，日伪特务见明着来不行，就使出了阴险卑鄙的下三滥手段。他们经常骚扰"秋声社"的演出，甚至对剧团演出时托运的行李下手。"秋声社"的箱子就曾经几次被人用强酸破坏，演员的戏服和行头等物品很多被烧毁。

1942年的9月，特务们终于对程砚秋下手了。这个月的月底，程砚秋自上海经天津返回北京，在前门火车站受到日伪铁路警察和宪兵便衣的盘查搜身。程砚秋辩解自己只是一名演员,此次是由外地回家,但便衣特务根本不容程砚秋解释,架着他就往车站附近的一间小屋子走。程砚秋很警惕,在之前检查他"良民证"的时候,已经发觉这些人来者不善,他双拳紧握,浑身的神经绷得很紧。

刚刚一进屋门,几个黑影就从屋子里扑上来,对着程砚秋就打。程砚秋躲闪不及,耳朵上被重重打了一拳,一瞬间他眼前直冒金星。求生和反击的本能战胜了内心的恐惧,程砚秋自小就练功,成年后又专门练过武术,他迅速绕到屋里的一根柱子后面,背靠柱子当作掩护,对准扑上来的一个特务就是一拳,直接将其打倒在地。后面的几个一拥而上,程砚秋抖擞精神,三拳两脚又放倒了两个。对方没想到程砚秋竟然如此能打,不禁有些发憷,此时的程砚秋眼睛已经适应了屋里的黑暗,他见对方

程砚秋练功

得有七八个人,房间又狭小得很,不利施展拳脚,于是找了一个空当,几步就跳出了小黑屋。房子外面就是熙熙攘攘的人流,程砚秋快速混入人群,加快脚步脱身而去。

回到家里,夫人果素瑛见他衣衫不整,手上的金表不见了,左边脸上也肿了起来,忙问缘由。程砚秋满不在乎地摸了摸被打的耳朵,将刚刚发生的事情讲了一遍,吓得果素瑛倒吸了几口凉气。第二天,程砚秋被打的左耳疼痛难忍,只好去南长街耳鼻喉专家徐荫祥大夫那里诊治。结果是,他的左耳被打了一拳后,耳膜震破。程砚秋与特务对打这件事被传开后,京剧界同人都很敬佩程砚秋,侯喜瑞高兴地说:"还是我们四弟有种,替咱们出了气。"程砚秋就是这样的人,平时不声不响,待人彬彬有礼,但遇见恶势力,他也有着决不退缩和无所畏

135

惧的抗争精神。

1944年2月25日,程砚秋又遭遇了一次危险。日本宪兵队、伪警察十余人突然袭击,于深夜3时,越墙进入位于西四北报子胡同程砚秋的家里,搜捕程砚秋。那晚,程砚秋由于住在青龙桥的农场里,日伪宪兵警察扑了个空。宪兵队见程砚秋不在家,就将程夫人和几个孩子全部控制起来,在程宅里大肆搜查。他们将程家搜了个底朝天,除了从东厢房顶楼储藏室里搜出一台短波收音机和一台外国电唱机等,其他一无所获。宪兵队的头目逼问程砚秋和所谓"电台"的下落,程夫人只说程砚秋住在青龙桥郊外务农,至于什么"电台",更是从来没有见过。敌人又威胁几个年幼的孩子,面对敌人的凶恶嘴脸,程砚秋的孩子们表现得非常勇敢,什么也没说。一直到第二天中午,一无所获的宪兵队才离开。

事后,侥幸躲过一劫的程砚秋忿忿地在日记里记下此事:"……共存共荣,不应有此举动。所谓士可杀而不可辱,凡事调查清楚杀了完事,不应予人留有不良印象。幸昨日未入城,不然此戏不知演到何种地步。据说我从前与要人往来,并有在瑞士念书之子,有思想不良的嫌疑。此子虽十年前留学外国,瑞士至今尚保持中立国态度;若说与南方人有往来,岂止南方,可以说东南西北方的长官均晤过面,上至最高长官,下至贩夫走卒,据我眼光看法,并没有高低贵贱之分,均是要人,亦可均是贱人。世界等于大舞台,所有一切皆是与戏剧攸关,所谓要人,亦不过是一演员而已,民国三十余年这般演员并未更换。银行界中'请'去者甚多,我亦列入够资格者之中,名之害人大矣。将入三月,恐厄运来临,也无法可想,所谓闭门家中坐,祸从天上来也。"

第六节

归隐务农

自从日本人开始针对程砚秋下手后,程砚秋的处境更加艰难。他本就是个名人,演出、会友、社会活动很多,很难躲过敌人的监视。一段时间里,日伪宪兵警察机关借"拜访"之名,不是来说"借"剧本,就是来"探讨"艺术。程砚秋经过"火车站袭击"一事,知道自己的情势已经很危险了,他做出了一个决定:退出舞台,归隐务农。

与梅兰芳退隐后专事绘画不同,程砚秋选择当农民,是因为他喜欢农民的生活,认为农村的环境适合自己。程砚秋一向不喜与人争斗,选择当个农民,实际也就选择了远离尘世侵扰,过自己清净恬淡的生活。他先放出风声,称自己身材发胖,身体又有病,已经不再适合登台了。然后,他托朋友找到北京德国医院主任医生义克德，请他为自己开个凭证。德国医生对程砚秋的真实意图，大概也能知晓一些，他为程砚秋做了检查，结论是身体过胖，不宜再登台表演，建议静养身体。

拿着德国医院的体检结果，程砚秋正式宣布隐退，舍弃了城内的生活，舍弃了丰厚的收入，舍弃了眷恋的舞台，从此罢歌息舞，在颐和园西北的青龙桥山村刘家大院三号买下一座小型四合院，又于红山口、黑山扈一带洽购耕地六十余亩，还添置了农具、牲畜等，正儿八经开始了务农生活。

程砚秋隐居时务农

一开始，周围的村民听说程砚秋不唱戏，来种地了，都纷纷说，这一定是"四爷"没事来农村散心休闲的，没几天就得回城里去。他的朋友也认为程砚秋此举，不过是暂时躲避日本人的步步紧逼，只是做个样子而已。但几个月过去了，有朋友去青龙桥拜访程砚秋，看到他的时候，大吃了一惊。此时的程砚秋，由于日日在天地耕作，早出晚归，风吹日晒，已经不复先前的清秀儒雅之貌，完全是个地道的农民模样。他脸色黝黑，一身中式青布裤褂，腰间很随意地系着根草绳，肩上扛着一把大锄，穿的衣服上、鞋子上到处是泥土。如果他不开口讲话，是很难再认出他来了。

程砚秋用实际行动告诉世人，他绝不是做做样子，而是一个真正的农民。在农庄里，他住的是瓦屋绳床，朴素简单，吃的是棒子面窝窝头，腌萝卜条，小米粥，贴饼子。有时有朋友来看他，他就自己下厨做饭，晚饭多是熬冬瓜、摊鸡蛋，偶尔会从城里买点羊肉，就是很奢侈的饭食了。吃完后，程砚秋亲自洗碗、扫地，然后与农人、朋友坐在山边空地上，赏月，聊天。

由俭入奢易，由奢入俭难。程砚秋对这种农耕生活颇为自得，他认为："人应每日勤快才感痛快，不然甚闲也不觉休息时之愉悦。"陈叔通曾这样说程砚秋："身居乡野乐融融，趣在农民不觉苦。"

因为童年贫苦，程砚秋对穷苦人怀有极大的同情心。青龙桥的父老乡亲，至今传颂着"四叔"乐善好施的一件件事：程砚秋见农家磨面，买不起牲口，庄稼人忙完地里和家务活，拖着疲惫的步子，咬着牙推磨子一圈又一圈地转，他便买下了住房前面的一块又脏又乱的空地，盖了一座碾房，免费供本村人磨面。为了使青龙桥周围的农家子弟读上书，他又创办了一所功德中学，地址就是残破的功德寺大庙。程砚秋自掏腰包修缮校舍，定制桌椅，聘请老师，还让自己的老管家去看门做饭。接着又买下占地十八亩的金家花园专作学生宿舍。

农耕之余，程砚秋有时绘画，

程砚秋画梅花

程砚秋花鸟作品

有时读书，读书以史书为多。他对妻子说过这样一段话："我在舞台上辛苦了大半生，终年在国内奔波，从没有机会安静下来想想事。现在可真正有工夫把自己所经历的人和事从头想它一遍，温故而知新。不论从民族、国家或是我们每一个人，都到了从头探讨的时候了。"

在国家、民族危亡之际，在这"黑云压城城欲摧"的日子里，程砚秋经常登上农庄附近的那座红石山，望着在沦陷于日寇的北平，一遍又一遍地朗诵他在西山宝藏寺与住持大师和几位教授朋友相聚时，在廊子上远眺北平所作的一首诗："凭栏远瞩气萧森，故国精华何处寻？桑田沧海惊多变，指日挥戈望太平。"

程砚秋书画作品

第七章

壮心不已

ZHUANGXIN BUYI

纵观程砚秋的一生,无愧于"艺术大师"之名。尽管经历种种,却始终不忘初心,执着于戏曲的创作。正如其妻所说,他的一生"就像在重岩叠嶂重压下,从乱石缝隙里挣扎生长出来的一株秋菊;从幼芽萌生的时候,即在烈日酷暑和风霜严寒中苦斗着"。

第一节

迎来解放

抗战终于胜利了。中国人民万众一心,浴血奋战,终于将日本强盗打败。消息传来,大江南北的人们纷纷走上街头,用各种方式庆祝这来之不易的伟大胜利。北京城的市民也欢呼雀跃,他们笑着、跳着,有人放鞭炮,有人组织舞狮子,街上欢腾的热浪一浪高过一浪。

此时的程砚秋,也沉浸在胜利的喜悦之中。他对夫人说:"9月18日,本是令中国人在街头默祷的日子,现在一变而成日本向中国降伏的纪念日了,真痛快!我的许多老朋友都要从南方回来了,八年离乱险些见不到面,不知再会面时又做何感想?"在他当年的日记中,也连续几天记录了日本侵略者战败的消息:在9月8日的日记中,他这样写道:"今日是日本的纪念日,变为美国的纪念日,在东京签字。"9月9日的日记中,他这样写道:"本是日本纪念日,8、9两日原是令中国人在街头默祷的两天,为今一变而成被中国降伏的纪念日了。"

打败了敌人,原本宣布退隐的程砚秋也难掩心中的喜悦,为了庆祝胜利,他和孟小冬、杨宝森通过电台向全国播唱《武家坡》。昔日被敌人禁绝的程砚秋的声音,又可以通过电波,传向全国听众耳中。虽然只是清唱,但观众直呼过瘾。程砚秋对外宣布,今后将复出舞台,继续为喜欢他的观众奉献自己的艺术。

此后,程砚秋率剧社赴上海演出。他在上海住了一年多,随着国内形势的变化,他欢欣鼓舞的心情又被罩上了浓浓的阴影。在上海,他亲眼看见国民党接收大员满天飞,骄横跋扈、盛气凌人的各级官员,除了争抢胜利果实,中饱私囊,并无为国为民的丝毫作为。随着国共和谈破裂,蒋介石一意孤行发动内战。程砚秋原以为打败日寇后,国家能繁荣富强,人民可安居乐业,可希望破灭,现实令他大为失望。1948年年底,国共双方的力量悬殊已经十分明显。一心跟着共产党的,难抑内心的兴奋;一心跟着国民党的,惶惶不可终日,忙着外逃。剩下的就是对共产党不了解,又憎恶国民党腐败无能的所谓"第三种人",他们在观望等待。梅兰芳和程砚秋,就属于这第三种人。

程砚秋是一名演员,对政治不感兴趣,也自然没有什么政治倾向。在平津战役打得正激烈的时候,有人劝程砚秋以义演的名义,离开战火包围中的北京,远去昆明避难。程砚秋拒绝了,他对未来前途也有担心,但他是故土难离的人,他自信自己没有做过对不起别人的事情,他也相信共产党绝不是宣传中的那么"可怕",自然也就没有什么太大的顾虑。

随后的事实,证实了他的想法。程砚秋自己曾经说:"从1949年新中国成立后,党就给了我很好的印象。"解放军入城后,傅作义的部队撤出城防,程宅程家花园成为了解放军临时工作的地方。程砚秋有许多书籍和剧本保存在那里,他担心,这些他所珍爱的资料,会被部队损毁拿走。程砚秋大着胆子,让徒弟王吟秋和次子出城，去程家花园看看那里的情况。解放军听说是程家来的人，很客气很热情地接待了他们。两人看见院内、屋里井井有条，陈设摆设等都是原样。所有的书籍和剧本也完好无损。最后，两个人收拾了一些重要的剧本，正要离开，一位首长模样的人出来送行，并对他们说："你们回去时，代我向程先生问好，我是叶剑英。"

徒弟回来后，告诉程砚秋，程家花园不仅毫无损毁，解放军还打扫、维修了被国民党军队破坏的墙壁和院子。程砚秋听后，非常感动，又知道叶剑英向他问好，他的心里更加踏实和稳定了。他告诉身边的人，有这样和蔼、讲礼貌的首长，有这样守规矩、讲道理的部队，国民党是无法和共产党斗争的。

如果说叶剑英对程砚秋的问候，让他对共产党有了初步的良好印象，那周恩来对程砚秋的拜访，彻底使得程砚秋从思想上，从立场上，完全倒向了共产党一边。

1949年的3月27日，程砚秋一早就出去理发了。周恩来和几个工作人员，在没有事先通知的情况下，来到了西四报子胡同的程宅。程夫人果素瑛和徒弟王吟秋都不认识周恩来，只认为是来借房子的。周恩来没有多停留，当场写下一张纸条，留给程砚秋："砚秋先生，来访不遇，不候驾归。改日再拜。周恩来。"这张日后一直保存在程砚秋个人档案里的便条，被程砚秋回来后看了又看。他既为同周恩来失之交臂而感到遗憾，也为周恩来的登门拜访感到不可思议，他一遍遍地向夫人解释周恩来是何等人物，也不停数落徒弟，骂他"有眼不识泰山"，竟然连一杯茶都没有为客人准备。

在日后，程砚秋经常对别人提起这段往事，他感叹新旧社会艺人地位的变化。以前，虽然他顶着程派头牌、四大名旦的称号，但是在那些达官贵人的眼中，自己不过是一个"唱戏的"，是众人口中可以呼来唤去的"戏子"。如今，共产党来了，周恩来竟然会亲自登门拜访，这种悬殊的变化，深深打动了程砚秋。

第二节

春风化雨

新中国建立前夕,周恩来拜访程砚秋,大致的原因有三点:一是他本人喜欢程砚秋的艺术,周恩来年轻时演过话剧,也反串过旦角,他曾经在与友人交谈时说:"我很喜欢程砚秋的唱片,睡不好觉时,就听一听。"二是从党的文化工作来讲,梅兰芳和程砚秋,都是必须要争取的人。三是他有一件大事需要与程砚秋洽商,那就是希望程砚秋能代表文艺界,参加即将举行的世界和平拥护者大会。

这次大会,是由国际民主妇女联合会等团体联合倡议召开的。中国作为二战胜利国,也在被邀请之列。程砚秋是戏曲界最早在作品中呼吁世界和平的人,他的《荒山泪》又名《祈祷和平》,《荒山泪》的主题就是祈祷和平。另外,他的

程砚秋《聂隐娘》剧照

《聂隐娘》《春闺梦》也都是祈祷和平的悲剧。同时，他也是戏曲界唯一一位倡导和平主义戏剧运动的人，在世界上都享有盛誉，被誉为"和平戏曲家""非战艺术家"。所以，程砚秋是参加世界和平拥护者大会的不二人选。中国代表团成员共四十名，郭沫若为团长，马寅初、刘宁一为副团长，钱俊瑞为秘书长。成员来自于社会各界，文艺界有十二人，除了程砚秋，还有田汉、郑振铎、洪深、徐悲鸿、曹禺、丁玲、戴爱莲和赵树理等。程砚秋是京剧界的唯一代表。

参加完世界和平拥护者大会，程砚秋回国不到一个月，他又参加了中华全国文艺工作者代表大会，也即新中国第一届"文代会"。这次大会的意义非同一般，它是在中国共产党领导下的第一次文艺界最高级别的会议。程砚秋在会议期间，与所有代表一起学习毛泽东《在延安文艺座谈会上的讲话》，进一步明确了"文艺首先应该为工农兵服务"的文艺思想。也正是在"文艺要为人民服务，为工农兵服务"的要求下，程砚秋向大会提出了正式书面建议，分别是：《改革平剧建言》《筹组文艺工作者福利互助社建议书》《筹设戏曲音乐博物馆建议书》《筹设国立剧院建议书》和《筹设国剧学校建议书》等五项建议。

早在程砚秋赴欧洲游学回来时，他就曾向社会和文艺界提出过赴欧考察后的《十九条建议》，这五项建议，实际上就是在"十九条建议"的基础上形成的。程砚秋一直对他的"十九条建议"未能受到重视和实现耿耿于怀，一旦有机会,他当然就要旧事重提。这也可以看出,他对戏曲改革事业的执着。

1949年9月,程砚秋和梅兰芳、周信芳、袁雪芬四人,作为戏曲界的特邀代表,参加了第一届中国人民政治协商会议。10月1日,天安门广场上升起了第一面五星红旗,中华人民共和国成立了。和年轻的新中国一样,程砚秋的历史也开始谱写新的篇章。他热切地想为新社会、为梨园界做一些实际的工作,除了在舞台上塑造一个个栩栩如生的认为,程砚秋最想做的就是戏曲改革的事情。为了能够更好得调查戏曲的现状和存在的问题,程砚秋利用去西北演出的机会,开始了他期待已久的戏曲调查活动。

戏剧表演教学,程砚秋在太原寓所教北路梆子演员贾桂林表演身段。

1949年11月2日,程砚秋应陕西商人之邀,率领秋声社的同行们,踏上了西北之行的路途。他们先是坐火车到郑州,然后再换乘大卡车西行。路途艰险,环境恶劣,条件异常艰苦。到达西安后,西北党政军领导和文艺界的人士热情欢迎程砚秋及其"秋声社"的全体成员。程砚秋除了演出、应酬以外,大部分时间都在做调查研究工作,尽管时间短、工作人员不足、工作资金缺乏,但调查所得的材料仍很丰富。

在西安,程砚秋第一次认识了贺龙元帅,两人彼此惺惺相惜,短短的时间,相处甚欢。贺龙可谓是党内程砚秋的"第一粉丝",他非常喜欢程派艺术,在长年的军旅生涯中一直痴迷京剧艺术。为了表示对程砚秋的欢迎和喜爱,贺龙还将自己珍藏的一把宝刀作为礼物,送给了程砚秋。将军还与艺术家约定,希望能够尽快再见面,再一次观赏到程砚秋的绝妙艺术。

程砚秋来兰州演出合影

兰州曾经的会馆戏楼

　　程砚秋从西安回京后，继续筹划再次赴西北作较大规模戏曲调查。为了解决经费问题，程砚秋决定自己筹措费用，组织旅行剧团，边走边演。1950年4月起，程砚秋率程剧团到各地巡回演出，第一站是山东，除了烟台没去，几乎跑遍山东全境。演出的地方都是博山、潍县、周村等小城市，演出的条件也很简陋，全部都是面向普通大众，剧团的某些演员说："跟旧社会唱野台子差不多。"然而，在演出码头上这个小小的变化，正是因为程砚秋在党的教育下，逐步地建立起文艺为工农兵服务的观点。

　　随后，从1951年2月1日离开北京，到9月26日重返北京，程砚秋由山东、甘肃、新疆经中南、西南的演出和戏曲调查，历时七个多月。他走过了湖北的武汉，四川的重庆，贵州的东溪、遵义、贵阳和云南的昆明。程砚秋观摩了四川的川剧，云南的花灯、滇剧，武汉的楚剧、汉剧等。各个地方剧种及民间老艺人的演技，都给他留下了美好而深刻的印象。他还搜集了五百多个剧本，一百多张唱片，还向各剧种的老艺人们学了戏。这段宝贵的经历和调查的收获，成为他日后坚持戏剧改革思想的牢固基础。

第三节

抗美援朝

抗美援朝开始后,热爱祖国、热爱和平的程砚秋和文艺界千千万万的人一样,充满着热情,迅速投入到支持前线的活动中。眼看战火烧到了鸭绿江边,当然不能等闲视之。

那时,各地戏曲界掀起了捐献飞机大炮的热潮,他在昆明演出时,当地戏剧界为响应全国文艺界捐献"鲁迅号"飞机而义演,程砚秋推迟了归期,与昆明戏剧界联合义演了三天。归途之中,恰逢武汉戏剧界热火朝天地捐献飞机大炮,程砚秋又毫不犹豫地加入了义演行列,三天卖票所得,全部捐献。

1951年4月,程砚秋担任中国戏曲研究院副院长,从此成为国家干部。11月份,研究院派人将工资送到程家。没几

1953年10月，赴朝鲜慰问演出时周信芳、程砚秋、梅兰芳、马连良合影

天，程砚秋将工资悉数退回支援前线，并表示，战争一日不胜利，他的工资一日不领取。在给戏曲研究院的信函上，程砚秋写道："前几天院方送来一笔款子，说是自本年三月以来给我的工资，我觉得是非常惭愧，但我亦知道不应该不接受的。现在抗美援朝运动正在继续加强，我愿意把这笔款子全部捐献购买武器，敬祈代转。今后工资，亦同此办理，直至抗美援朝工作胜利完成为止。"实际上，抗美援朝结束后，一直到他去世，程砚秋都没有领过国家给他的工资。

1953年9月，正在哈尔滨演出的程砚秋得知中央组织了第三批赴朝慰问团，他马上中止了剩下的演出，要求参加赴朝慰问。慰问中国人民志愿军，是他最高兴的事。程砚秋对解放军的将领和士兵，有着深厚的感情和良好的印象。新中国成立后，他曾经两次赴西北戏曲调查，在那里，他认识了贺龙、王震等高级将领，也深入部队，为普通士兵演出慰问。在和部队一起工作、一起生活的日子里，加深了他对军人的好感。

他曾这样说："我在旧社会会过各色各样的人物，上自达官贵胄，下至平民百姓。在新社会认识这些名闻中外的将军，都是那么诚恳直率，平易近人，一点架子也没有，我们一见面就对脾气，说得到一块儿去。"程砚秋还非常喜欢部队的气氛，认为军人简单纯洁，没有社会上和京剧界那些钩心斗角和彼此倾轧，他总是说："我要是不学唱戏，一定也会当武人""我最喜欢军人"。

上级批准了程砚秋的要求，让他从东北赶回北京报到。程砚秋被任命为第三届赴朝慰问团第一总分团副团长。慰问团由贺龙元帅担任总团长，总团下设

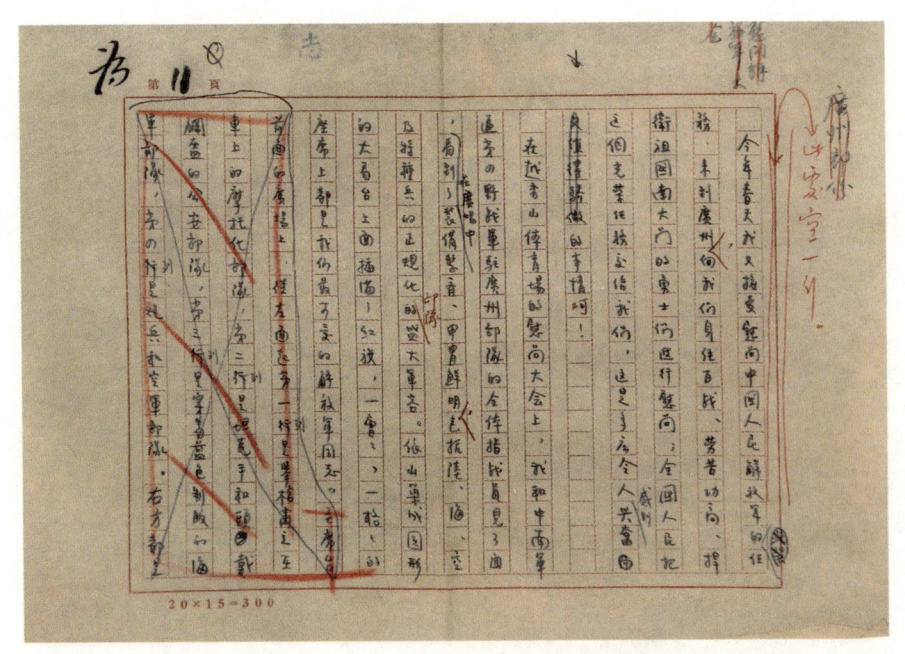

梅兰芳、程砚秋为兵服务——从朝鲜到广州 手稿

八个分总团,共计三千一百人。慰问团组成人员都是各行各业的顶尖人物,真可谓是名家荟萃。京剧界里有梅兰芳、周信芳、马连良、程砚秋等著名艺术家,皆是流派的创始人,像李玉茹这样的好演员只能跑龙套,临时演宫女、丫环等,贺龙元帅幽默地称此团是"天下第一团"。

慰问团到达的第一站是安东(今丹东市)。前线指挥部尽了最大的努力,为慰问团做好接待工作。但前线的条件之艰苦,出乎这些艺术家的想象。由于食品供应不足,慰问团经常吃不饱,早餐有时只能吃几个冻得硬邦邦的苹果,午饭常常只有一个菜,而所谓的饭厅也就是一个四面透风的破屋,里面放着几张饭桌,没有凳子椅子,一张桌子八个人,就这样站着吃。程砚秋饭量大,每次都吃不饱,但他每次都对战士们说:"吃饱了吃饱了,都吃撑了。"前线基本上没有热水可用,程砚秋也学会了用冷水洗漱洗澡,从没有半句怨言。

在朝鲜战场的三个月里,程砚秋跟随慰问团,深入元山战役战场、十九兵团驻防地、血与火洗礼过的上甘岭,以及最前沿的坑道和救护伤员的隐蔽所。

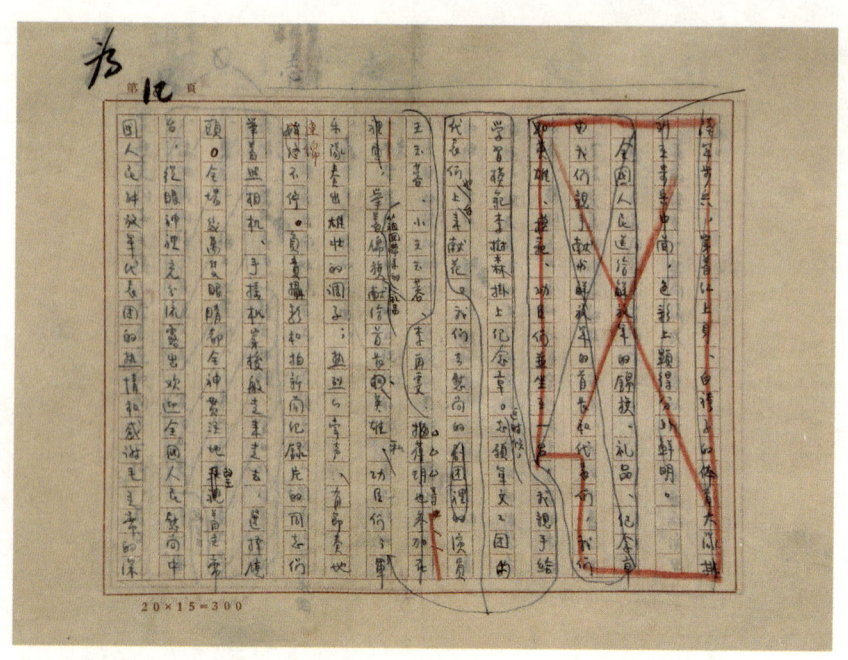

梅兰芳、程砚秋为兵服务——从朝鲜到广州 手稿

演出时，程砚秋发扬风格，主动第一个唱，从而解决了程、梅、周、马四位大师的演出顺序问题。以前的艺人们，非常讲究在台上的演出排序，谁打头，谁压轴，排序都要经历明争暗斗才能确定。程砚秋喜欢军队，喜欢为战士们演出，所以他根本不在乎什么排序，主动提出第一个唱。马连良见程砚秋高姿态，马上也说自己第二个演。在慰问前线将士的火热氛围中，大家也都变得空前的团结和融洽。

演出中，程砚秋几乎将所有的热情都贡献了出来，他发现许多战士因为之前没怎么看过京剧，所以听不懂唱词。程砚秋就事先将唱词写出来，唱之前先将唱词念给战士们听，又逐一讲解。当他到战地医院慰问时，有些受了重伤的战士只能躺在病床上，一动都不能动，程砚秋就俯在他们的身边，一个接一个轻声清唱给他们听。程砚秋饱含着对战士们沉甸甸的爱和崇敬，一字一句认真唱着，负伤的战士也深受感动，内心得到了极大的温暖和慰藉。

从朝鲜回国后,程砚秋写了《生平最快乐的一件事》,发表在次年 2 月 26 日的《光明日报》上。他在文章中写道:"志愿军战士们大多是二十岁左右的青年人,非常诚实,非常天真,有许多战士甚至像女孩子似的羞涩,然而作起战来,一个个如猛虎一样。我曾遇到一位副军长,今年才三十六岁,是参加过长征的老干部,历经过抗日战争、解放战争,最后参加了抗美援朝战争。这样一位年轻的将领,却像一个普通战士一样朴实、诚恳、可亲。在朝鲜我见到过不少志愿军的首长,他们都是些运筹帷幄的将军,却一样的平易近人,这对我这个从旧社会出来的艺人说来,是难以想象的。因此与他们在一起,我心中就感到非常快乐,也理解到为什么我们的军队是战无不胜、攻无不克的。"

在谈到自己的体会时,程砚秋称:"这次赴朝,因为条件不允许领着整个剧团去,我只带了剧团里的四位同仁同行,可算是打破了我以往的惯例,但是我想,只要能为志愿军演出就行。这些节目二十多年没有动它了,在极短的时间突击出来,也是自己过去所没有的例子。不管节目怎么样,对志愿军同志能够有一些微薄的贡献,自己总是非常高兴的。"

第四节

光荣入党

1955年，由吴祖光任导演，程砚秋拍摄了他一生中唯一一部彩色电影《荒山泪》。这件事情，是在周恩来的亲自关怀和推动下，得以完成的。从1949年春天，周恩来初访程砚秋起，几年来，在工作和思想上给予了程砚秋细致入微的关怀，引导着他一步步向前走，使程砚秋的思想和道德进入了一个新的境界。可以说，周恩来是程砚秋绝对的良师益友。

拍摄前，周恩来要求应能通过剧目来概括程砚秋的多方面艺术成就。程砚秋首先提出自己最理想的戏，也是自己最喜欢的戏就是《锁麟囊》。但当时主管文艺的一些人，认为《锁麟囊》立意不好，是宣扬"阶级调和论"的戏，连修改的可能性也不存在。实际上，新中国成立后，不管程砚秋在政治上怎样积极，也不管他与周恩来、贺龙以及周扬等高级领导保持着怎样良好的私人交往，在当时的文艺政策面前，他的上百个剧目，被一一停演。在周恩来亲自做思想工作后，程砚秋只好妥协，放弃了《锁麟囊》，选择了以祈祷和平反对战争为主题的《荒山泪》。

尽管是程砚秋妥协后的权衡之作，但是，在吴祖光和程砚秋的共同努力下，电影《荒山泪》不失为一部程派经典之作，也是唯一的一部记录程砚秋在舞台上音容丰采的影片。影

电影《荒山泪》海报

片中，程砚秋克服身体胖大带来的不便，以感人肺腑的唱腔、千姿百态的水袖、美不胜收的身段和生动细腻的表演，为世人留下了一部珍贵的程派艺术影视资料。

除了推动拍摄电影《荒山泪》，周恩来对程砚秋的关心和帮助，还体现在帮助和督促程注意思想学习、提高思想境界上。新中国成立后，程砚秋的社会地位与政治地位越来越高。1951年政务院任命他为中国戏曲研究院副院长；1954年被选为全国人民代表大会代表；1956年以文化部高级干部身份参加青岛的哲学读书班，他还多次作为国家代表团成员，出访苏联和东欧国家。这种新旧社会强烈的对比和当家作主的自豪感，使程砚秋脾气性格也发生了改变，他不再像以前那样落落寡合、不问世事，他对政治有了追求，对共产党充满了感激和热爱，产生了加入共产党的想法。但他觉得自己文化不高，似乎不够入党条件，未敢轻与人言。

1957年春天，在经过了深思熟虑之后，程砚秋按正常程序向中国戏曲研究院党组织递交入党申请书。组织立即向周总理做了汇报。周恩来非常高兴，在和程砚秋的谈话中，肯定了程砚秋追求进步的思想，并且认可了他几年来的进

国旗下的宣读

步与提高,并亲口对他说:"砚秋同志,如果你加入共产党的话,我愿意做你的入党介绍人。"贺龙副总理闻知,也很高兴,对程砚秋说:"砚秋,入党要两个人介绍,我愿意做你的第二个入党介绍人。"

1957年10月11日,中国戏曲研究院讨论通过程砚秋同志为中国共产党的预备党员。他也是20世纪50年代后期加入共产党的诸多戏曲名家中,入党较早的一个。

程砚秋入党以后,由于身体原因,他彻底退出了舞台表演,转而从事戏曲教学、理论研究,但是,他以党员的标准严格要求自己,决心像身边优秀的党员看齐,为国家、为人民多做贡献。他鼓足了干劲,期待着在更广阔的天地里做出更大的成就。谁也没有想到的是,此时,致命的病魔已经悄悄靠近了他。

程砚秋中年发福之后,患上了糖尿病、气管炎等疾病,虽然症状不是很严重,但夫人担心他的身体,总是劝他要多注意休息,保重身体。程砚秋对此却不以为然,总觉得自己身体挺好。常年的演出生涯,让他养成了一些不好的生活习惯,比如作息不规律、嗜烟嗜酒。程砚秋年轻时抽纸烟,出国回来后,喜欢上了抽雪茄,并且抽得很多。他也爱喝酒,酒量很大,曾经在徒弟的拜师宴上连续喝了二十多杯,毫无醉意。饮食上,程砚秋也爱吃肉,造成了他体重过高,肝脏、心脏的负担常年过高。

第五节

巨星陨落

　　1958年2月的一天，程砚秋和夫人果素瑛到新街口电影院，看一部叫《奥赛罗》的苏联电影。看完回家的路上，程砚秋突感不适，他的双腿发硬不听使唤，几乎走不动路。由于之前这种状况从来没有发生过，程砚秋也没有当一回事，以为只是偶尔的不适。他回到家后，还打了一套太极拳，以为出出汗就舒服了。结果身体并没有缓解，心慌、头昏的症状越来越厉害。家人请来街道的大夫，诊断是痉挛，打了一针，又吃了几副中药，感觉好了一些。但到了3月1日，程砚秋再次胸闷气阻，这一回更加严重，程夫人赶忙请来安康医院院长李养田大夫，诊断后说是心脏病，需要马上住院。

　　此时，田汉、马少波闻讯立即赶来，北京医院派来了救护车。到了北京医院，确诊为心肌梗死，要绝对卧床休息。经过治疗，程砚秋精神日渐好转，贺龙和文艺界的许多负责人都来探视。

1958年3月9日下午，二儿子永源来医院探望，程砚秋的精神很好，还叫儿子再来时带些他爱喝的好茶叶。程永源回家告诉母亲，程夫人急忙吩咐人，上街买了普洱茶，这是程砚秋最喜欢喝的。傍晚时分，程家人刚刚端起饭碗，忽然接到北京医院的急电，说病人紧急。等赶到医院，程砚秋已经因心肌梗死，撒手人寰。

这是一个谁也无法相信，谁也无法接受的事实。年仅五十四岁，身体健壮的程砚秋就这样离开了人世。巨星陨落，世人震惊。文化部、中国文联、中国戏剧家协会、中国戏曲研究院等单位，立即组成了以郭沫若为主任的"程砚秋同志治丧委员会"，并为程砚秋举行了高规格、极隆重的追悼仪式。

程砚秋去世后，经党组织批准，追认为中国共产党正式党员。他的灵柩，安葬在北京八宝山革命烈士公墓，墓碑上镌刻着由马少波同志撰稿的碑文。

日后，陈叔通先生在《程砚秋文集》序中写道："我认为砚秋先生在艺术上所以能获得如此伟大的成就的原因是：第一，富有天才；第二，肯下苦功夫；第三，有创造精神；第四，他善于虚心向戏曲界的诸前辈学习……砚秋先生好学，曾见其书斋内有自习课程表，窃叹其读书有恒。最近又见其平日阅读过的书籍，都记出一些心得，始知砚秋先生对中国古典诗文、词曲，曾下过一番功夫。据其夫人素瑛说，砚秋先生常在书房阅读，至深夜不睡；有时改编剧本，竟至达旦；我又记得，砚秋先生在欧洲考察期间，曾从法国寄我一信，有云：'我要做一个好中国人'。我今天就用'一个好中国人'这句话来结束砚秋先生的一生。"

到今天，程砚秋离开人世已经整整六十年了。六十年一个甲子，也是一个轮回。六十年，世界改变了很多，但程砚秋所开创的"程派"艺术，却犹如雨后春笋方兴未艾，呈现出蓬勃茂盛之势。程先生天上有知，看到这"神州处处闻程腔"的人间盛景，也定当会含笑九泉。